MARCO POLO

Insider-Trip

OSTSEEKÜSTE
Mecklenburg-Vorpommern

Besondere Erlebnisse – von entspannt bis rasant

Inhalt

Die Klassiker reloaded

Altbekanntes ganz neu erleben

Die Leckerbissen

Verführerisches von süß bis deftig

Die kreativen Orte

Kunst & Kultur von gediegen bis hip

Die wilde Seite

Gas geben und Spaß haben von sportlich bis mutig

Die ruhigen Ecken

Entspannen von minimalistisch bis luxuriös

Das pralle Leben

In Feierlaune das ganze Jahr

Mix & Match

Mach dein eigenes Ding

Dies & Das

Karten, Register & mehr

Seebrücken, Strände, Segeln – so kennst und liebst du die Ostseeküste von Mecklenburg-Vorpommern. Und echte Klassiker werden auch niemals langweilig. Schau um die Ecke, nimm eine andere Perspektive ein, such die geheimen Orte und neuen Interpretationen. Und huch: Ist da schon ein neuer Klassiker im Anmarsch?

Die Klassiker reloaded

Altbekanntes ganz neu erleben

Ostsee unter Tage
Mit der Gondel auf Tauchfahrt

→ Futuristisch geht es in Zingst mit der Tauchgondel in die Unterwasserwelt

Tauchen trockenen Fußes, ohne Vorkenntnisse und ohne Sauerstoffflasche – das geht wohl nur in der Ostsee. Dank der Idee eines Usedomer Architekten, der 2006 in Zinnowitz die erste Unterwassergondel der Welt zum Leben erweckte. Die Pläne waren groß: Weltweit sollte der Prototyp aus Usedom nachgebaut werden und Einblicke in die Weite des nassen Elements ermöglichen.

Heute habt ihr die Wahl: Fische gucken in der *Tauchgondel Zinnowitz*, mit dem Fahrstuhl, sprich der *Tauchgondel Sellin*, in die Tiefe der Ostsee vor Sellin oder ein senkrechter Seebrückenabstieg in Zingst mit der *Tauchgondel Zingst*. Überall gleich ist das wunderbare Erlebnis, das neben euch weitere rund zwanzig Passagiere sowie ein Gondoliere genießen. Gemeinsam geht es im Schneckentempo in Neptuns Reich. Statt tiefblau schimmert das Meer unter der Oberfläche meist smaragdgrün, was auf Sandverwirbelungen und Seegrasallerlei zurückzuführen ist. Durch die warmen Temperaturen und das vermehrte Wachstum von Algen ist die Sicht im Sommer oft eingeschränkt, weshalb für besonders Neugierige ein Tauchgang im Winter lohnend ist. Dann steigt die Sichtweite von nur 90 cm auf bis zu 7 m, und ihr könnt Dorsche, Quallen und fröstelfreie Robben viel besser erspähen. Und wenn doch mal ein Heringsschwarm den Blick ins Blau versperrt, geht es auf dem Bildschirm weiter: in Meck-Pomms erstem 3-D-Kino auf dem Meeresboden.

INSIDER-TIPP
Freie Sicht bei Kälte

1 Tauchgondel Zinnowitz • An der Strandpromenade 0, 17454 Ostseebad Zinnowitz • tauchgondel.de

2 Tauchgondel Sellin • Wilhelmstr. 25, 18586 Ostseebad Sellin • tauchgondel.de

3 Tauchgondel Zingst • An der Seebrücke, 18374 Ostseebad Zingst • tauchgondel.de

Ostseeheilbad Zingst

Seeräuber ganz persönlich Mit Störtebeker durch Wismar

Braungebrannt steht er da, mit grauem Bart und Kutte. Man könnte meinen, der gefürchtete Anführer der Likedeeler stünde einem persönlich vor der Nase. Laut anzweifeln mag man es aber nicht – vielleicht ist das Schwert am Gürtel ja doch echt.

Hüter des geschliffenen Stahlstücks ist Josef Staffa, der inzwischen seit mehr als einem Jahrzehnt als grimmiger Pirat Klaus Störtebeker durch Wismar stolziert. Immer im Schlepptau eine Meute neugieriger Wegelagerer, die zwischen Marktplatz und gotischem Viertel nicht nur dem Expertenwissen des hanseatischen Originals über die Stadtgeschichte, sondern auch einigen Anekdoten aus dem Leben seines Alter Ego lauschen. Etwa, dass der Name Störtebeker im »Verfestungsbuch Wismar« unter dem Jahr 1380 zu finden ist, was euch wiederum beweisen soll, dass der für seine Rigorosität bekannte Seeräuber kein Hirngespinst einiger Hobbyfreibeuter ist. Auch sein Kompagnon Gödeke Michels nicht, der soll nämlich laut dem Bucheintrag dabei gewesen sein, als Störtebeker im Wirtshaus »Zur Rose« verprügelt wurde. Ob er zuvor wieder mal einen der 4,5 l fassenden Holzkrüge geleert hat, sei dahingestellt. Naheliegend ist es allerdings, war doch Bier zu dieser Zeit ein Grundnahrungsmittel der Wismarer. Teilnehmer der *Stadtführung Störtebekers Wismar* erfahren bei Blicken auf die vielen noch gut erhaltenen Hansebauten, dass es damals in fast jedem Hinterhaus eine kleine Brauerei gab. Laut Staffa sollen sie jährlich bis zu 5 Mio. Liter des Rauschgetränks hergestellt haben. Gut, zwei Drittel davon gingen in den Export, dennoch eine beachtliche Zahl, oder? Ihr solltet in jedem Fall erst noch einmal vor Ort bleiben. Dann kann man auch erfahren, ob Störtebeker wirklich in Wismar geboren wurde – und zwar aus erster Hand!

← Zum Verwechseln ähnlich: Josef Staffa, aka Klaus Störtebeker, erzählt vom Seeräuberleben und von der Geschichte Wismars

4 Stadtführung Störtebekers Wismar • Start: Tourist-Information, Lübsche Str. 23a, 23966 Wismar • wismar.de • jährlich März bis Dezember

Im Sand liegen kann jeder Austoben am Sportstrand

→ Nix mit stinkiger Sporthalle: Am AOK Active Beach Warnemünde wird bei Sonnenschein am Strand gekickt

Sich verbiegen beim Strandyoga oder neue Tricks beim Strandfußball lernen. »Raus aus dem Strandkorb« heißt es an zahlreichen Sportstränden entlang der Ostseeküste. Gründe für das sandige Open-air-Studio gibt es genug: etwa den traumhaften Meerblick, der bei Workouts an der Wasserlinie lockt. Obendrauf gibt es das Sonnenstudio gratis und eine Extraportion Spaß.

Zwischen Mitte Juni und Mitte September öffnen vielerorts entlang der rund 1950 km langen Ostseeküste die aktiven Strandzonen – mit Abstand und dennoch in Applausweite vom nächsten Strandsessel. Nach einem festen Wochenfahrplan kommen Kids und Könner am *Sportstrand Prerow* bei angesagten Wassersportangeboten wie Wingsurfen (ein Mix aus Kite- und Windsurfen) auf ihre Kosten – oder beim Slacklining ins Wanken. Ausgepowert warten danach gesunde Snacks im »Herzhaft süss« am Deich.

INSIDER-TIPP
Sandprofis in Action

Eine Nummer größer geht es von Juni bis September am *AOK Active Beach Warnemünde* zu, wo vor allem Beachsoccer auf dem Programm steht. Auf dem heiligen Sandboden kicken regelmäßig auch die mehrfachen Deutschen Meister, die Rostocker Robben.

Stand-up-Paddling-Touren zum Sonnenaufgang und Beachvolleyball-Sessions mit Freunden kannst du von Mitte Juli bis Anfang September fast täglich am *Sportstrand Ahlbeck/Heringsdorf* erleben.

5 **Sportstrand Prerow • Strandübergang 22, 18375 Ostseebad Prerow • sportstrand-prerow.de**

6 **AOK Active Beach Warnemünde • in Höhe Hotel Neptun, 18119 Warnemünde • rostock.de/urlaub/aktivurlaub/aok-active-beach-warnemuende.html**

7 **Sportstrand Ahlbeck/Heringsdorf • Strand zwischen den Seebrücken von Ahlbeck und Heringsdorf, 17419 Seebad Ahlbeck • kaiserbaeder-auf-usedom.de**

60
20

Meer auf dem Dach
Luftiger Besuch im Ozeaneum

Schon mal einem Museum aufs Dach gestiegen? Hoch über der Hansestadt Stralsund leben zehn putzige Pinguine, die vor über zehn Jahren hier so etwas wie heimisch geworden sind. Wer ihnen bei Streifzügen durchs luftige Gehege zuschauen möchte, kann das täglich tun. Immer um 12 Uhr wirft Tierpflegerin Anne May (oder einer ihrer Kollegen) Gustel, Lemmy, Frieda und Co. frische Sprotten, Krill sowie sonstiges Fischgetier in die Schnäbel. Voraussetzung für das tierische Vergnügen ist, dass ihr rechtzeitig den Fahrstuhl zur Dachterrasse in rund 14 m Höhe des mehrfach preisgekrönten *Ozeaneum Stralsund* erreicht habt. Hier warten die ursprünglich aus Südamerika stammenden Humboldt-Pinguine in einem 120 000 l großen, teils gläsernen Becken, thronend über den alten backsteinernen Firsten alter Hansegebäude und vis-à-vis der drei markanten Türme von St. Nikolai, St. Marien und St. Jacobi.

← Zuhause mit bester Aussicht: Die Pinguine leben (und futtern) über den Dächern von Stralsund

Wenn die Fütterung vorbei ist, habt ihr noch den ganzen Nachmittag Zeit, um euch Stockwerk für Stockwerk wieder nach unten zu »arbeiten«. Auf eurer Reise durch die Meere könnt ihr Haie und Rochen in riesigen Aquarien erleben, fast 20 m lange Walskelette bestaunen und ein Forschungstauchboot in Augenschein nehmen. Ein einmaliges Erlebnis für große und kleine Entdecker. Apropos Kinder und apropos Dach: Auf dem Dach des Nordseeaquariums wartet ein großer Erlebnis-Bereich auf die Kleinsten. Im »Meer für Kinder« können z. B. echte Haieier angefasst oder Einsiedlerkrebse – im wahrsten Sinne des Wortes – hautnah erlebt werden.

INSIDER-TIPP

Meeresbiologe für einen Tag

8 **Ozeaneum Stralsund • Hafenstr. 11, 18439 Stralsund • ozeaneum.de**

Popcorn zum Abendrot Der Strandkorb wird zum Kinosessel

Man schrieb das Jahr 1882, als eine rheumakranke Dame Platz nahm. Das wäre nicht weiter erwähnenswert, wenn der Ort ihres Kurzweilens vergessen wäre. Sie setzte sich in den weltweit ersten Strandkorb, den Wilhelm Bartelmann in seiner Kühlungsborner Werkstatt geflochten hatte. Geschützt vor Wind und Sonne genoss sie die Ostseekulisse. In voller Montur, mit Hut und allem Drum und Dran. Das schickte sich damals so.

Fast 150 Jahre später nehmen Menschen wieder Platz – in einem Strandkorb am Strand, sogar in voller Montur. Doch knuspert das Popcorn in ihren Mündern, während die Blicke gen Ostsee gerichtet sind, wo sie von einer großen Leinwand angezogen werden. Dort, wo früher erste Sommerfrischler die heilende See-

↓ Open-Air-Kino in Traumkulisse

luft genossen und heute tagsüber Schippe und Schaufel zum Einsatz kommen, wird an lauen Sommerabenden regelmäßig zum *Strandkorbkino Kühlungsborn* geladen. Die Freiluftversion der Filmschau, die bereits Mitte des vorigen Jahrhunderts im Konzertgarten des Ostseebades regen Zuspruch fand, hat hier genauso Tradition wie der Strandkorb selbst. Neuer sind allerdings die Filme. Gezeigt werden Blockbuster genauso wie Arthouse-Filme

Auch am Heringsdorfer Strand auf der Insel Usedom wird an lauen Sommerabenden der Projektor angeworfen. Die Atmosphäre ist berauschend – und das im wahrsten Sinne des Wortes: mit seinem Herzblatt eng umschlungen im Strandkorb, bei Popcorn, Wellengeplätscher, Dämmerschein und verzaubernden Liebeleien (natürlich nur auf der Leinwand).

9 **Strandkorbkino Kühlungsborn • 100 m östlich vom Bootshafen, direkt am Strand, 18225 Ostseebad Kühlungsborn • ostseekino-kuehlungsborn.de**

10 **Sommerkino Heringsdorf • An der Seebrücke, 17429 Ostseebad Heringsdorf • kaiserbaeder-sommerkino.de**

Einfach abheben
Mit dem Flieger übern Strand

»Herzlich willkommen an Bord!«, zugegeben eine etwas abgedroschene Begrüßungsformel, die gewöhnlich aus den klanglosen Lautsprechern großer Charterboeings knarzt. Gewöhnlich bei einer Flugreise in den Süden oder auf dem Sprung zum nächsten Städtetrip. Alles andere als gewöhnlich ist ein Flug über Deutschlands schönste Halbinsel. Mittel- und Gangplätze gibt es nicht. Lautsprecher auch nicht. Dafür kommt das »Herzlich willkommen an Bord« über den Kopfhörer, mit persönlicher Anrede. Privatjet-Feeling beim Trip mit *Ostseeflug Air Services*. Nur etwas erlebnisreicher.

← Sightseeing von oben!

Die Aufregung steigt proportional zur Drehzahl, wenn die Luftschraube auf Touren kommt. Über das Headset wird ersten Funksprüchen gelauscht, die zwischen dem Tower und überfliegenden Kleinflugzeugen hin- und herrauschen – und dem Piloten, der klar macht, dass an eurem Glückstag nicht die Crew, sondern die Passagiere entscheiden, wo es lang geht. Kleiner Tipp: Strand, Strand und Meer. Dann geht es nämlich zielsicher Richtung Norden. Wenn die Seebrücke von Zingst unter den Tragflächen in Sicht kommt und die türkis-grüne Ostsee samt trubeliger Strandmeile bei einer leichten Linkskurve in voller Pracht erstrahlt, wird eure Begeisterungsfähigkeit ein neues Niveau erreichen. Spätestens bei der Zugabe: Darßer Ort. Die nördlichste Landzunge der Halbinsel Darß könnte auch der Drehort zu Daniel Defoes Roman »Robinson Crusoe« gewesen sein. Eine strahlend weiße Insel in den Weiten des Meeres, unbewohnt, kein geflochtener Korb und auch kein Eisverkäufer. Dem Strandspaß wird das keinen Abbruch tun – zumindest nicht in der Luft.

11 **Ostseeflug Air Services • Flughafenallee 1, 18356 Barth • ostseeflug.com**

Amphitheater maritim Eine Seebrücke als Bühne

→ **Hinspazieren und Ausblick genießen: die Koserower Seebrücke**

→ **Das Nachdenken hat sich ausgezahlt: Dank der praktischen Halterung lässt es sich hier noch länger aushalten**

Aller guten Dinge sind drei. Bereits zweimal konstruierte sich das Seebad Koserow eine Flaniermeile übers Wasser. Während die erste zwischen Sturm und Eisgang in den Fluten versank, führten Baumängel die andere ins Verderben. »Jetzt soll alles besser werden«, dachten sich die Verantwortlichen und gingen die Sache mit Weitblick an. Einzigartig sollte sie werden, durchdacht, ein echtes Wahrzeichen.

Zuviel versprochen wurde nicht. Schon vor der Eröffnung gaben sich Schaulustige am Ort des Geschehens die Klinke in die Hand. Es ist auch ein wahres Schmuckstück, das heute nicht nur zum Flanieren einlädt, sondern ein echter Allrounder ist. Highlight: eine Art Amphitheater, das nach guten 300 m Fußweg am kabbeligen Wasser entlang erreicht wird. Mal angelockt vom Kaffeeduft des fliegenden Koffeinhändlers, mal verzaubert von melodischen Gitarrenklängen, die vom Meeresrauschen und vom Klatschen begeisterter Spontangäste begleitet werden. Hockt euch ruhig auf die hölzernen Bänke. Wenn dabei die Glocken läuten, nicht überrascht sein. Und schon gar nicht in Panik verfallen, auch wenn die auf der Brücke installierten Glocken einer entweihten Kirche an jene Sturmflut erinnern sollen, welche die Stadt Vineta das Leben kostete. Diesmal ist alles gut. Zur Not bliebe ja immer noch die Flucht über den Wasserweg, zumindest wenn gerade ein Ausflugsschiff am stählernen Steg festmacht. Die Chancen stehen dafür gar nicht so schlecht. Die *Koserower Seebrücke* ist fixer Anlaufpunkt der Adler-Schiffe, denen übrigens bisher noch keine einzige Sturmflut zu Leibe rücken konnte.

12 **Koserower Seebrücke • Am Strande, 17459 Ostseebad Koserow**

Zurück in die Naturidylle Auf Zeitreise im Kunstmuseum

Im Kunstmuseum Ahrenshoop reichen ein paar Euro, um die Zeitmaschine anzuschmeißen und die prächtige Natur der Halbinsel Fischland-Darß-Zingst vor Augen geführt zu bekommen. So, wie sie vor mehr als 100 Jahren Wirklichkeit war.

Als etwa die aus dem nahen Ribnitz stammende Anna Gerresheim rund um das Jahr 1910 die Fischländer Küste im Morgenlicht festhielt, schien die Welt noch in reinster Ordnung: keine Sonnenanbeter mit buntem Windschutz am Strand und eine Luft, die in solch einer einprägsamen Farbgebung dargestellt ist, dass man ihre Unverbrauchtheit fast schon einzuatmen vermag.

Auf einem weiteren Bild ist der kleine Boddenhafen des heutigen Ostseebades Wustrow zu sehen, der nicht nur im Rahmen eines nachmittäglichen Spaziergangs erkundet werden sollte. Carl Malchin zeigt auf beeindruckende Weise, dass die noch heute vorzufindende Beschaulichkeit des Ortes um 1890 um Längen getoppt wurde. Wäscherinnen, die in aller Seelenruhe ihre weißen Kleider durch das Wasser ziehen, während gegenüber ein Pferdefuhrwerk Waren von zwei Zeesbooten aufnimmt. Ob die Menschen heute noch so leben wollen? Wahrscheinlich eher nicht. Aber man darf ja träumen. Das geht übrigens perfekt bei Malkursen, die jedes Jahr im Sommer im wunderschönen Garten des *Kunstmuseums Ahrenshoop* angeboten werden. Waschechte Künstler lehren hier unter freiem Himmel und bei salziger Seeluft die Farbenlehre und wie ihr segelnde Boote, Leuchttürme und Meer am besten für eure Nachfahren festhaltet.

← Pinselstrich für Pinselstrich wird die Natur beim Malworkshop aufs Blatt gebannt

INSIDER-TIPP
Von echten Künstlern lernen

13 Kunstmuseum Ahrenshoop • Weg zum Hohen Ufer 36, 18347 Ostseebad Ahrenshoop • kunstmuseum-ahrenshoop.de

Sich wie Gulliver fühlen Ostseeküste im Miniaturformat

↓ **Große Sehenswürdigkeiten in klein: Im Miniland MV ist man schnell bei berühmten Kopien wie der des …**

↓ **… Doberaner Münsters**

Herzlich willkommen im Land der Lilliputaner! Eine kleine heile Welt vermittelt das *Miniland MV* in Göldenitz, das in Rostocks Rücken ganzjährig zu einer Reise im Stil von Jonathan Swifts Romanfigur Gulliver einlädt. Die Betonung liegt auf »kleine«. Mehr als 80 detailgetreue Nachbildungen sprießen aus dem gepflegten Grün und ermöglichen es, alle Höhepunkte der mecklenburg-vorpommerschen Ostseeküste in einem Happs kennenzulernen.

Keineswegs geht es nur um bauliche Errungenschaften wie das mächtige Doberaner Münster oder das markante Spitzdachgebäude der Ribnitzer Bernsteinmanufaktur. Sogar das Straßen- und Wegenetz ist im Maßstab 1:25 nachgebildet, das entlang geografischer Erhöhungen wie den Helpter Bergen, durch tiefe Alleen

oder vorbei an der kreideweißen Rügener Steilküste von einem Höhepunkt zum nächsten stiefeln lässt. Ein wunderbarer Ausflug, der irgendetwas zwischen Stadtführung und Erlebniswanderung ist. Also: Bitte Wanderstiefel statt Flipflops anziehen und den Rucksack mit ausreichend Wegzehrung befüllen. Schließlich gilt es, 45 000 m^2 Land zu erforschen – und über 80 grazile Nachbildungen, die teilweise aus mehr als 60 000 Einzelteilen bestehen und von Hobbybastlern in mehrmonatiger Werkstattarbeit hochgezogen wurden.

Mit gleichem Aufwand und doch etwas fantasievoller geht es im Miniaturland des *Entdeckerparks minimare* im Klützer Winkel zu. Neben 50 geschrumpften Architekturikonen aus dem Norden Deutschlands spüren gewiefte Entdecker in dem Themenpark auch Bauten aus längst vergangenen Zeiten auf.

14 **Miniland MV • Schlager Str. 13, 18196 Göldenitz • miniland-mv.de**

15 **Entdeckerpark minimare • Friedensstr. 24, 23942 Kalkhorst • minimare.de**

haeger.de
Glashäger

Columbus 2.0
Segeln, aber mit Highspeed

Gestatten, Glashäger! Nein, hier steht kein banales Mineralwasser vor euch. Fest vertäut am stählernen Steg des Rostocker Stadthafens wartet große Segelprominenz. Die »Glashäger«, manchen noch bekannt unter ihrem alten Taufnamen »Illbruck«, pflegt hier ihr Rentnerdasein. 123 Tage war sie 2002 im Rahmen des »Volvo Ocean Race« auf hoher See unterwegs. Neun Monate, in denen das Team um Skipper John Kostecki Hochseesegelgeschichte geschrieben hat und gleich zwei neue Weltrekorde aufstellte, darunter mit 39 Knoten die bis dahin höchste je gemessene Geschwindigkeit für Einrümpfer.

Im neuen Heimathafen Rostock wartet sie heute fitter denn eh und je auf. Wohl gepflegt von den Jungs und Mädels von *Speedsailing Rostock* lädt die VO60-Rennziege regelmäßig zu Ausfahrten der besonderen Art ein. Unter Motor geht es zunächst wenige Seemeilen bis zur Warnowmündung, bevor die Stunde der 450 m² großen Segel schlägt. Bei Spitzengeschwindigkeiten von über 70 km/h donnert ihr über die Ostsee. Wer jetzt denkt, das sei nur etwas für Profis, der irrt. Vorkenntnisse sind nicht erforderlich. Jeder Hobbysteuermann, jede Hobbysteuerfrau ab 14 Jahren ist herzlich willkommen an Bord. Zugegeben: Ein wenig seefest sollte man schon sein. Je nach Wind- und Wettersituation können Schräglagen von 45 Grad das eigene Wohlbefinden trüben – im Gegensatz zum Panoramablick auf die Ostseeküste. Übrigens: Skipper John Kostecki hat die härteste Segelregatta der Welt damals gewonnen.

← Mit der Glashäger saust ihr blitzschnell übers Wasser

← Der Wind fegt durch die Haare, das Wasser schäumt – da ist Spaß garantiert

16 **Speedsailing Rostock • Warnowufer 58, 18057 Hansestadt Rostock • speedsailing.de**

Hat da jemand »Essen« gesagt? Na klar! Aber nur das leckerste und nur in der schönsten Umgebung. Geh auf Foodietour! Wo es den besten Räucheraal gibt, Bio-Food im Feuerwehrhaus und Champagner zur Currywurst. Und danach einen Happen Marzipan?

Die Lecker bissen

Verführerisches von süß bis deftig

Regional shoppen
Auf Rügens kleinstem Bauernmarkt

→ **Versteckt, gemütlich, atmosphärisch: genieße das Flair dieses Marktes!**

→ **Neben Gemüse und Schnaps gibt's auch regionale Kunst zu ergattern**

Sie kümmert sich um Keramik, er um Naturkost. Sie malt die schönsten Fayencen, er weiß, wo die saftigsten Äpfel der ganzen Insel wachsen. Ein Dreamteam in Sachen Ortshandwerk, dem im wunderschönen Museumshof Gingst der rote Teppich ausgerollt wird.

Die beiden Regionalwarenspezialisten Roswitha und Lothar sind regelmäßig Teil eines fliegenden Händlerensembles, das in den Sommermonaten jeden Samstag von 10 bis 16 Uhr auf dem *Grünen Markt vor dem Museumscafé Gingst* zusammentrifft und um den besten Preis feilscht. Wobei der Preis bei einer solch wunderbaren Atmosphäre eigentlich nebensächlich sein sollte. Lass dich inspirieren von hochgewachsenen Bäumen, deren Blättermantel genau die richtige Dosis Sonnenlicht parat hält, von bunt bemalten Haustüren der teilweise über 200 Jahre alten Rohrdachheime und vom Leben, das in diesem Teil Rügens zwei Herzschläge niedriger taktiert.

Apropos Herzschlag: Zur Entspannung trägt nicht nur die Lage des Grünen Marktes bei. Auch das Angebot hat einen grünen Faden. Hier kannst du alles Nötige zum Erfrischen des Geistes einheimsen. Frische Eier von Bauer Thoms freilaufenden Hennen, essbare Kräutersträuße von der selbsternannten Quelle der Gesundheit, der Bio-Gärtnerei Zubzow Eins, aber natürlich auch Trinkbares aus Rügener Bio-Äpfeln. Wie wäre es etwa mit einem Edelobstbrand, um den eigenen Körper mal wieder richtig zu erden? Hundert Prozent rein und fein. Der Name ist eben Programm in der Ersten Edeldestillerie Rügens. Nichts anderes gilt für den Grünen Markt im Museumshof Gingst.

INSIDER-TIPP
Rügens beste Schnäpse

1 Grüner Markt vor dem Museumscafé Gingst • Karl-Marx-Str. 19, 18569 Gingst • https://gruner-markt-gingst.business.site

täglich frische Eier
Regionale
Kästen und
Schinken
Rinder und
(hausgemacht)
Bio

Galerie
Malstube
MALKURSE
nächster Malkurs Mo 11-13°°

Wie das Original Bismarckbrötchen vom Ursprung

»Fisch ist nicht gleich Fisch« – das ist landläufig bekannt. In einem kleinen Fischlädchen in der Stralsunder Innenstadt lernt man Lektion zwei des Angler-ABCs: »Hering ist nicht gleich Hering« – zumindest, wenn es um die Zubereitung geht. Unternimm eine kulinarische Stippvisite bei *Fischhandel und Räucherei Henry Rasmus* und erlebe jenen unscheinbaren Ort, an dem eine der beliebtesten Fischzubereitungen Weltruhm erlangte.

← Ob wie hier auf Brot oder mit Bratkartoffeln – authentisch ist der Bismarckhering auf jeden Fall

Die Rede ist vom Bismarckhering. Mit »ck« wohlgemerkt, ist er doch vor über anderthalb Jahrhunderten nach Reichskanzler Otto von Bismarck benannt worden. Der hat nämlich seinerzeit von dem damaligen Inhaber der Fischmanufaktur, Johann Wiechmann, ein großes Fass der süß-sauren Küstenspezialität geschickt bekommen. Das Geschenk Wiechmanns war ganz nach Bismarcks Geschmack. Der Reichskanzler fand den marinierten Hering so köstlich, dass er Namenspate dafür wurde.

Das sagenumwobene Fass kann heute noch hinterm Verkaufstresen bestaunt werden, auch wenn die Vergänglichkeit des Materials annehmen lässt, dass es sich eher um ein Duplikat handeln dürfte. Haargenau wie das Original dagegen ist der delikate Geschmack, was daran liegt, dass weiterhin nach Ursprungsrezepten und ohne maschinelle Unterstützung gearbeitet wird.

Also, hingehen, staunen und ein Fischbrötchen auf die Hand geben lassen. Wer mehr als einen Snack auf die Schnelle sucht, findet hier natürlich auch alle weiteren Ostsee-Spezialitäten. Frisch aus dem Meer oder konserviert in Form des ganz besonderen Hiddenseer Kutterfisches.

2 **Fischhandel und Räucherei Henry Rasmus • Heiligeiststr. 10, 18439 Stralsund • fischhandel-rasmus.de**

Suppe aufm Sofa
Lässig essen beim Sternekoch

→ **Leger und weltoffen – das gilt für die Küche im Kulmeck**

Ins Sternerestaurant geht's nur mit Schlips und Kragen? Und am besten bereits vor dem Besuch eine sattliche Grundlage schaffen, um nachher nicht hungrig nach Hause zu gehen? Fehlanzeige bei Tom Wickboldt. In seinem neuesten Schatz *Kulmeck*, der erst auf den zweiten Blick in einer kleinen Nebenstraße von Heringsdorf aufzuspüren ist, werden alle Vorurteile gegenüber Haubenträgern und Michelin-Vertretern widerlegt.

Lässig und locker geht es in dem 30-Plätze-Laden zu. Das merkt ihr schon an der Tür, wo euch Gastgeberin Manja Wulf liebevoll in Empfang nimmt und zum Sofa begleitet. Richtig gelesen: Sofa. Die knallgrünen Zweisitzer, die auch in eurem Wohnzimmer eine gute Figur hergeben würden, machen samt bordeauxroter Kissen, stylischen Stoffsesseln und gemütlichen Holztafeln das Ambiente aus und sofort klar, was Sache ist: Heute wartet ein gemütlicher Abend mit leckerem Essen und in ungezwungener Atmosphäre auf euch. Oder, wie Tom Wickboldt es nennt: Casual Fine Dining.

Frei nach diesem Motto kann das Highlight des fünf- oder siebengängigen Tagesmenüs dann auch mal eine leckere Fischsuppe oder der mit Popcorn gespickte Nachtisch sein. Auf den Teller kommt eben das, was bereits qua Zutat Geselligkeit verströmt. Dazu gibt es die passende Weinbegleitung und hausgebackenes Gourmetbrot. Ob er das wohl auch schon den Böhsen Onkelz serviert hat? Durchaus denkbar – Wickboldt war schon mal als Privatkoch dieser legendären Band engagiert.

3 **Kulmeck by Tom Wickboldt • Kulmstr. 17, 17424 Ostseebad Heringsdorf • kulmeck.de**

I think people are looking
for street food at weddings

SUMARA
STRALSUNDER MARZIPAN
Original-Happen

Lübeck kann einpacken! Ein Schwabe und sein Marzipan

Die Produktion brummt in der kleinen Hinterhofmanufaktur. Blech für Blech schiebt Konditormeister Steffen die mit hellschwarzer Vollmilchschokolade überzogenen Gaumenfreuden aus Marzipan in den Tablettwagen. Gerade sind die Marzipanbrote mit Sanddorn an der Reihe, als Nächstes warten die goldbraun geflammten Marzipantaler auf ihren letzten Schliff. Anschließend noch das Etikett draufgeklebt und bereit ist das handliche Päckchen für die Auslage im *Hotel am Jungfernstieg*.

← Quadratisch, rund, als Brocken – Marzipanhappen im Hotel-Shop

Wer jetzt irritiert wissen möchte, was ein Hotel mit Marzipan zu tun hat, könnte auch fragen, was Marzipan mit Stralsund zu tun hat. Auf den ersten Blick tatsächlich nichts. Auf den zweiten jedoch recht viel, ist das *Stralsunder Marzipan* mit seiner besonderen Rezeptur doch inzwischen ein echt beliebter Repräsentant der Stadt. Das liegt an Thomas Eberl, einem waschechten Schwaben, der kurz nach der Wende seine Liebe für die Ostsee entdeckte und sich hier niederließ. Und das nicht nur häuslich, auch als Radreiseanbieter, als Hotelier und eben als Marzipananbieter. Wie das Marzipan mit der Schokolade verschmilzt dann halt auch mal ein kleiner Süßwarenladen mit einem Hotel. Vielleicht ist das der Grund dafür, dass jeder Zweite, der hier eintritt, ohne Koffer kommt. Oder ist es der Grund dafür, dass jeder Zweite mit Koffer kommt? Keine Ahnung. Fest steht, Stralsunder Marzipan ist wie Thomas Eberl in der Stadt zu einer Institution geworden. Dein Gaumen wird's dir bei einem Besuch im Marzipanladen bestätigen – nicht nur zu Weihnachten.

INSIDER-TIPP
Marzipan mal im Sommer

4 Marzipanladen im Hotel am Jungfernstieg • Jungfernstieg 1b, 18437 Stralsund • stralsunder-marzipan.de

Brennen für Bio
Einkaufsbummel im Feuerwehrhaus

→ **Genießen und klönen im Bistro, …**

→ **… gesund einkaufen im Bioladen**

Die letzte Kneipe im Ort hatte gerade zugemacht, als das *Alte Feuerwehrhaus* in Damshagen sein knallrotes Tor zum ersten Mal öffnete. Nicht für einen Leiterwagen, der hier schon länger nicht mehr losheulte, sondern als kleines Bistro. Ihr könnt euch vorstellen, dass der Laden schnell zum beliebten Treffpunkt der Einheimischen wurde, die hier den ganzen Tag bei Brötchen und Rührei klönten. Doch das alte Feuerwehrhaus war zu mehr berufen, genauer gesagt: zum Bistro mit Bioladen.

Hier findet ihr heute nicht nur eine gehörige Portion Regionalität, sondern auch alles, was das Leben eine Spur erträglicher macht. Ob fürs innere Wohl – wie leckere Backwaren aus der Bio-Backstube, guter Wein, gesunde Aufstriche, wunderbarer Getreidekaffee oder ungespritztes Gemüse – oder für die Verschönerung von Haus und Garten, etwa handbemalte Keramik oder sogar alte, wieder zum Leben erweckte Möbel.

Fast am schönsten ist es jedoch, die wunderbaren Dinge des Lebens gleich vor Ort zu genießen. Bei sommerlichem Wetter führt kein Weg an der beschaulichen Terrasse mit den roten Sonnenschirmen vorbei, die zwischen alten Kirschbäumen schnell eine dörfliche Gelassenheit spüren lässt. Bei prasselndem Regen oder kühlem Seewind sind die gemütlichen Sitzecken unter der Balkendecke auch ein wunderbarer Zufluchtsort für das nachmittägliche Kaffeetrinken. Oder eben für das ganztägige Rührei-Frühstück, das heute nicht mehr nur noch die Damshagener genießen.

INSIDER-TIPP
Langschläferfrühstück

5 **Altes Feuerwehrhaus • Klützer Str. 34, 23948 Damshagen • altes-feuerwehrhaus.de**

ganztägig Frühstück

Nach 50 Jahren noch immer kross Broiler-Stuben am Meer

Schlangestehen war gestern. »Is ausverkauft!« gibt es in den Broiler-Bars im Osten Deutschlands schon lange nicht mehr auf die Ohren. Liebhaber der herzhaften Delikatesse können also jederzeit ihre Chance ergreifen.

Die traditionsreiche Broiler-Bar spürt ihr im nicht weniger traditionsreichen Hotel Neptun an der Warnemünder Strandpromenade auf. Vor mehr als 50 Jahren öffneten hier die Türen des Goldbroilers. Golden sind die Broiler heute noch, auch wenn der Name etwas bodenständiger geworden ist. Die *Grillstube BROILER* grillt täglich zehn Stunden Gaumenfreuden für den kleinen Mann – und die kleine Frau. Statt 7,35 Mark, die Mitte der 70er-Jahre ein halber Broiler mit Pommes kostete, fließen heute 12,80 Euro aus dem Portemonnaie.

↓ Knuspriger DDR-Klassiker – der Broiler. Diese hier kommen im Hotel Neptun auf die Teller

Auf den ersten Blick eine saftige Preissteigerung, auf den zweiten Blick und den ersten Biss wird die Bestellung zum lohnenden Schmaus. Sie sind einfach lecker, die Rumpsteaks der Ostdeutschen. Das ist sicherlich auch der Grund dafür, dass entlang der Küste in den letzten Jahren zahlreiche Doubles die Türen öffneten und die Tradition zum Kult werden ließen. Das noch recht junge *Restaurant Hafenbroiler* in Wismar und die *Joho Broiler Bar* in Prerow servieren ebenfalls in mehr oder weniger direkter Wasserlage krosses Geflügel – letztere allerdings auf ihre eigene Weise. Beim Schlemmen des Angebots »Ein Tisch voll Broiler-Glück« merkt man, dass die Wende lange zurückliegt. Stichwort: Zitronen. Die werden nämlich zu dem Kilohappen gereicht, nebst Süßkartoffel-Kumpir und Trüffelpommes. Guten Appetit!

6 **Grillstube BROILER im Hotel Neptun • Seestr. 19, 18119 Ostseebad Warnemünde • hotel-neptun.de/erleben/restaurants-und-bars**

7 **Joho Broiler Bar • Bernsteinweg 36, 18375 Ostseebad Prerow • joho-broiler.de**

8 **Der Hafenbroiler • Am Lohberg 1, 23966 Hansestadt Wismar • der-hafenbroiler.de**

Edel und Scharf
Currywurst auf Champagner

→ **Schickes Ambiente am Meer, Champagner, dazu eine Currywurst – das passt!**

→ **Frisch renoviert – das Stammhaus an der Hafenpromenade**

Erst vor wenigen Jahren wurde kräftig gefeiert. 70 Jahre – Herzlichen Glückwunsch, liebe Currywurst, und danke, liebe Herta Heuwer, für dieses universelle Genussgut. Am 4. September 1949 soll die Berliner Wurstbudenbesitzerin zum ersten Mal eine Wurst mit Sauce und Currypulver zubereitet haben – der Legende nach aus Langeweile. Leider nahm sie das Originalrezept mit ins Grab, weshalb die Currywurstbude von Edel und Scharf in Kühlungsborn ihr eigenes Sößchen anrühren musste. Ein Vergleich mit dem Spezialgemisch aus Spandau wird für dich kaum möglich sein. Muss aber auch nicht, denn das, was du an dem Stehtisch mit Meerblick serviert bekommst, ist unvergleichlich.

Es beginnt schon damit, dass das kleine Rohrdachstübchen mehr der Kategorie Schnellrestaurant als Schnellimbiss oder gar Frittenbude zugehört. Das liegt nicht nur am stilvollen Ambiente, das sich in weißen Beschattungsschirmen, hochwertigen Terrassenmöbeln und geschwungener Goldschrift an der Schiefersteinspeisekarte zeigt, sondern auch an dem, was auf ihr draufsteht. Das Angebot reicht von Spezialitäten wie Black-Tiger Riesengarnelen bis zu Beilagen wie Extra-Edel-Trüffel-Pommes mit Pecorino-Käse.

Das Zugpferd ist allerdings der Namens- und Ideengeber des Ladens: das »Edel und Scharf Menü Deluxe«, das neben einer Kult-Currywurst ein Glas feinsten Champagners beinhaltet. Da weht schon ein steifer Wind aus dem Sylter Promi-Mekka Kampen ins trubelige Ostseebad. Ach, und die Currysoße ist es übrigens auch: extravagant und ein echter Hochgenuss.

9 **Edel & Scharf • Strandpromenade 11, 18225 Ostseebad Kühlungsborn • der-edel-und-scharf.com**

Kult-Curry

Pfeffer

Ganz schön profan
Einkaufen gehen im Kloster

Vom Luxushotel in Hong Kong ins Kloster nach Bad Doberan. Wenngleich der Weg einige Schlenker nahm und weder am einen Ort begann, noch am anderen Ort endete, zeigt er eines doch recht gut: Tillmann Hahn weiß sich immer neu zu erfinden. Nach der Michelin-Sternküche nun also ein kulinarischer Krimskrams-Laden. Aber warum?

← Leckereien im Café …

← … und pikante Aromen im Gewürzkontor

Die Antwort kann jeder selbst ergründen, und zwar gleich gegenüber dem beeindruckenden Doberaner Münster. Im historischen Klosterladen, in dem Zisterziensermönche bereits vor über 250 Jahren Kräuter und Kartoffeln shoppten, hat Hahn ein wahres Kleinod für Freunde feiner Geschmäcker und handgemachter Kunst geschaffen. Bei Ersterem hat er seine Finger selbst im Spiel. Stichwort: Luxushotel in Hong Kong. Vielleicht hat er aus asiatischen Gefilden auch seine Leidenschaft für Gewürze mitgebracht, ist doch im *Torhaus Bad Doberan* eine globale Auswahl der Aromageber zu finden. Dazu gibt es jede Menge feinster Produkte, die in irgendeiner Weise mit dem wunderbaren Ort zu tun haben. Etwa das Doberaner Klosterbier, dass im Auftrag des Lädchens nach traditioneller Brauart hergestellt und natürlich auch in Hahns Wunderwelt verkauft wird. Ebenso der Doberaner Klostersenf, Doberaner Klosterkuchen, Doberaner Edelschokolade und so weiter. Ihr werdet schon etwas Passendes finden. Und wenn es nur ein lauschiges Plätzchen im Garten des bezaubernden Torhaus-Cafés ist, in dem genüsslich eine Schüssel Eintopf und dazu ein frisch gepresster Klosterapfelsaft schnabuliert werden.

10 **Torhaus • Klosterstr. 1a, 18209 Bad Doberan • torhaus-doberan.de**

Schlappschwanz zum Aal Fisch essen beim Fischer

→ **Vom Fischerboot …**

→ **… auf den Räucherspieß**

Bis zu 30 Tonnen Meeresgetier im Jahr. Das waren Zeiten! Die paar Fische, die heute noch im Boot von Roberto Brandt landen, serviert er direkt in seiner am Rand von Baabe gelegenen Gaststätte *Zum Fischer*. Früher wurden hier Autos repariert, auch schon mal Mehl gemahlen und Kleider geschneidert. Ein Multifunktionsgebäude, zweckorientiert, nicht unbedingt eine Augenweide. Aber wie heißt es so schön: Aufs Innere kommt es an.

Der Großteil des Fanges, den Roberto jeden Morgen gemeinsam mit seinem Sohn Jan am Strand anlandet, wird in der hauseigenen Räucherei mit einem Goldschimmer überzogen und oft direkt vom Ofen an Laufkundschaft verkauft. Meist an Einheimische, manchmal aber auch an eingenordete Urlauber. Wer den richtigen Moment verpasst, findet an der kleinen Theke eine gute Auswahl frischer Fischspezialitäten, z. B. süß-sauren Brathering oder Rollmöpse nach Omas wohlbehütetem Rezept. Bereits seit 1847 leben die Brandts von dem, was die Ostsee bereithält.

Besonders beliebt sind Robertos saftig-zarte Aale. Ein Allerweltsfisch in besonderer Qualität, dem man die Leidenschaft seines Fischers abzuschmecken vermag. Wer es gar nicht abwarten kann, überzeugt sich gleich vor Ort von den Meerwasserdelikatessen. Nicht selten bei einem Schnack mit dem Chef, der bei einem Gläschen des Hausschnapses »Schlappschwanz« über alte Zeiten schwadroniert. Über erste Angelerfahrungen mit Onkel Hubert, über wilde Schiffsritte in der stürmischen Barentssee und über die Anfänge der Strandfischerei auf der Insel Rügen.

INSIDER-TIPP
Fischerschnaps genießen

11 **Zum Fischer • Bollwerkstr. 6, 18586 Ostseebad Baabe • zumfischer.de**

BAA-23

BRAUHAUS

Ostsee statt Oktoberfest Gebrautes von der Küste

Wer bisher das bergige Bayern oder das fröhliche Rheinland mit Biertraditionen verband, wird jetzt staunen. Tatsächlich kann die Ostseeküste als echte Bierregion betitelt werden. Auch wenn ein paar der produktiven Gasthäuser der Hansezeit die vielen Saufgelage nicht überlebt haben – die übriggebliebenen lohnen einen Besuch.

Z. B. in der *Marlower Brauerei*, die für die Herstellung ihres Flaschengoldes ausschließlich Wasser aus dem eigenen, 120 m tiefen Brunnen verwendet. Liebhaber kellerwarmer Biere sollten Verständnis dafür haben, dass nur gekühltes Bier auf den Tisch kommt. Hier wird nämlich komplett ohne Konservierungsstoffe gebraut. Nicht nur, jedoch auf Wunsch auch gekühlt erhaltet ihr Biere im einige Kilometer weiter nördlich gelegenen *Darßer BRAUHAUS*. Nach einem Spaziergang durch die Prerower Dünen könnt ihr euch hier ausgefallene und frisch gezapfte Durstlöscher gönnen, etwa das sogenannte Darßer I. P. A. (India Pale Ale). Hergestellt wird es in einer alten Bernsteinschleiferei gleich nebenan.

Etwas gehobener geht es in den heiligen Hallen des *Usedomer Brauhaus* zu, in dem das Bierbrauen als echtes Erlebnis zelebriert wird. Unternehmt zunächst eine Führung mit dem Braumeister, danach genießt ihr die hausgebrauten Gesöffe beim Blick auf die riesigen Braukessel und aufs kupferne Leitungswirrwarr.

← Frisch Gebrautes ...

← ... rutschsicher serviert

INSIDER-TIPP
Fachsimpeln mit dem Braumeister

12 **Marlower Brauerei • Carl-Kossow-Str. 35–37, 18337 Marlow • marlower-brauerei.de**

13 **Darßer BRAUHAUS • Bergstr. 1, 18375 Ostseebad Prerow • darsser-brauhaus.de**

14 **Usedomer Brauhaus im Seehotel Ostseeresidenz Heringsdorf • Platz des Friedens, 17424 Seebad Heringsdorf • facebook.com/Usedomer.Brauhaus**

Superfood aus Unkraut Hausbesuch bei der Kräuterfee

INSIDER-TIPP
Kräuter to go

→ Was bei der Kräuterwanderung gezupft und gesammelt wird, …

→ … macht später beim Menü den Unterschied aus

Eine rote Pforte, ein schummriger Schuppen und ein betörender Duft. Beim Betreten des eingewachsenen Anwesens von *Kräuter Verbena* wird unmittelbar klar, was Sache ist. Kräuter links, Kräuter rechts, Kräuter oben, Kräuter unten. Es geht um das Lebensthema von Ina Schirmer, welches hier auch mal zum abendfüllenden Erlebnis werden kann.

Bevor der hofeigene Kräutersupermarkt öffnet, müssen die Objekte der Begierde erst einmal aufgetrieben werden. Ina geht dazu entweder in ihren Garten oder in den Wald, der glücklicherweise direkt vor der Haustür liegt. Mal allein, gern jedoch auch gemeinsam mit euch, wenn ihr vorab eine Kräuterwanderung gebucht habt. Ganze 2 m Fußweg dauert es, bis die ersten Haken auf dem Einkaufszettel gemacht sind. Giersch, Sauerampfer, Schafgarbe und noch ein wenig Steinklee wandern in den Korb, eine Abbiegung später auch noch eine kräftige Hand voll Brennnesseln samt ihrer Samen. Mit einem geübten Zweifingerknick zupft die hauptberufliche Kräuterspezialistin die ungewöhnlichen Delikatessen ab, selten ohne nochmals auf die lindernden Wirkungen und heilenden Inhaltsstoffe einzugehen.

Wenn ihr die Kräuterfee in einer kleinen Gruppe besucht, solltet ihr euch unbedingt Inas Drei-Gänge-Wildkräutermenü gönnen (bitte ebenfalls vorab buchen). Ringelblumenblüten dekorieren den Wildkräutersalat, der als erstes den Weg auf den liebevoll eingedeckten Tisch auf der Terrasse findet. Parallel werden die gedünsteten Brennnesseln geschnippelt, die nicht nur in veganen Frikadellen verarbeitet werden, sondern auch die Vorspeisesuppe sowie ein leckeres Hefebrot krönen. Ein Schmaus für fünf Sinne, der nur noch vom leckeren Sauerampfereis getoppt wird.

15 **Kräuter Verbena • Stolper Str. 9, 17419 Dargen (OT Prätenow) • kraeuterverbena.de**

GniTzer LAMM
LEBER PASTETE

Pippi ante portas
»Schafe« Sachen aus der Villa Kunterbunt

Das Hoftor steht leicht offen, gleich daneben das Schild »Geschlossen«. Mach dir keinen Kopf, mit Glück öffnet die Pippi Langstrumpf Usedoms dennoch ihren kleinen *Hofladen Villa Kunterbunt*. Regeln und Reguläres gelten hier schließlich nur bedingt. Anja Debniak macht einfach, wozu sie Lust hast. Nicht allein – gemeinsam mit ihrem Mann Axel Schwenn, einigen auf dem versteckten Grundstück pickenden Hühnern, Hunden, Katzen, Schafen und was sonst noch so zu einer echten Villa Kunterbunt gehört.

← Ausgesprochen farbenfroh zeigt sich die Villa Kunterbunt, mit Chefin Anja Debniak immer im Mittelpunkt

Lust haben Anja und ihr Mann vor allem darauf, das zu verkaufen, was man gewöhnlich nur noch selten findet: regionale Leckereien. Wilde Äpfel vom eigenen Baum, saftig-süße Mirabellen, unterschätzte Quitten, vitaminspendende Holunderbeeren und Gleichartiges. Dazu lieben sie es, das herzustellen, was nur noch wenige genau so tun. Wann hast du das letzte Mal eine Wurst von einem Tier gegessen, das einen Namen hatte? Klar, das ist natürlich nichts für jedermann. Aber zu wissen, wo Rind Smithy sein Leben lang glücklich gegrast hat, ist trotzdem schön. Genauso zu sehen, dass auch wirklich alles seine Verwendung findet. Da wird so lange experimentiert, bis selbst die eigentlich unnützen Wollknäuel der hofeigenen Schwarzkopfschafe noch zum nützlichen Dünger werden. Aber zurück zur Villa Kunterbunt. Im gleichnamigen Hofladen wird nämlich dies und vieles mehr feilgeboten. Wenn nicht pur, dann zubereitet als Pesto oder Marmelade, gebacken als Brot, gestrickt als Pullover oder eben lecker verwurstet in Knackern. Smithy hätte es bestimmt nicht anders gewollt.

16 **Hofladen Villa Kunterbunt • Zinnowitzer Str. 6, 17440 Neuendorf • hofladen-usedom.de**

Kunst & Kultur! Zum Gucken. Zum Machen. Zum Mitmachen. Und manchmal auch zum Kaufen. Im Museum oder an der frischen Luft. Wo Pyramiden und Zebras aus Eis geschnitzt sind. Wie die »Perser der Ostsee« entstehen und wo Kunst am Strand installiert ist. Hier gibt's jede Menge kreativen Input!

Die kreativen Orte

Kunst & Kultur von gediegen bis hip

Schätze unterm Schlappen Auf Strandfundewanderung

↓ Die Palette der Strandfunde ist bunt

↓ Besonders begehrt: Bernstein

Schon einmal von der baltischen Plattmuschel gehört? Wahrscheinlich nicht. Da die »rote Bohne«, wie sie aufgrund ihrer Farbgebung auch genannt wird, Stammgast an Mecklenburg-Vorpommerns Stränden ist, wäre bei einer Gegenüberstellung ein Aha-Moment sicher. Nun wirst du sagen: »Das ist doch nur eine Muschel!« Ja, aber eine besonders schöne, und eine, die auf einer *Strandfundewanderung* am Weststrand von Fischland-Darß-Zingst ein erstes Erfolgserlebnis bescheren wird.

Es sind zahlreiche Schätze, die am vom strammen Westwind getriebenen Strand der Halbinsel zu finden sind. Typische Urlauberschätze wie buntes Seeglas, jahrtausendealte Hühnergötter oder wenige Tage alte Flaschenposten. Aber auch Schätze, die ihren Wert nicht nur durch ihren ideellen Charakter erhalten, kreuzen mit etwas Glück die sandige Wanderroute. Z. B. Bernstein, das Gold der Ostsee, oder Granit, das selten weniger als eine Milliarde Jahre auf dem Buckel hat. Martin Hagemann kennt sie alle. Noch wichtiger ist jedoch: Er weiß, wo und zu welcher Tages-, Jahres- und Wetterzeit sie aufzuspüren sind. Bereits seit seiner Kindheit ist er der Ostseenatur zugetan und lüftet ihre Geheimnisse und Verstecke – kein Wunder, wenn bereits in frühen Kindheitstagen der Wochenendausflug statt auf den örtlichen Spielplatz in die heimische Pampa führte. Seit einigen Jahren nicht mehr im Schlepptau von Mama und Papa, sondern von begeisterten Naturfreunden. Wenn du noch keiner bist, wirst du nach einer Wanderung mit Martin einer sein. Garantiert!

1 Strandfundewanderung • ab Parkplatz Bernsteinweg Ost (direkt am Strandzugang Bernsteinweg), 18375 Ostseebad Prerow • naturreisen-mv.de

Meisterhaftes vom Meer Im Markt mit Heizung

← Ein individuelles Sortiment, …

← … das auch ästhetische Keramikkunst beinhaltet

Formschnittig und edel hängen sie da. Ob Griff, ob Klinge – von oben bis unten durchgestylt, voller Ästhetik und doch zweckgebunden. Die Messer von Metallgestalter Michael Schimmel und dem Designstudenten Janos sind echte Unikate. Erst seit 2017 sind die scharfen Sachen überhaupt auf dem Markt; in diesem Jahr gründeten die beiden ihre Messermanufaktur. Dann sind da Hüte. Auf Maß gefertigt, mal verspielt, mal stylisch, die Kopfbedeckungen der Wahlfranzösin Stefanie Wesle sind immer ein echter Hingucker. Genauso wie der Dosenfisch, den Manuela Ramoth in ein gerahmtes Kunstwerk verwandelt hat und die Skulpturen von Artemis Zafrana, die lediglich durch ihre Umrisse wirken.

Was Hüte, Messer, Dosenfisch und Co. miteinander zu tun haben? Das erfahrt ihr bei einem Besuch in der *Produzentengalerie Catrin Freuschle*. Das kreative Kleinod in dem alten Molkereigebäude, in dem auch schon mal im großen Stil Baby-Edamer und »Klützer Gold« hergestellt wurden, ist ein Sammelsurium handgefertigter Einzelstücke, die ihr so garantiert noch nicht in eurem trauten Heim verstaut habt. Die Meisterin mit Sinn fürs Schöne hütet auf der Fläche eines Einfamilienhauses Schätze von rund 40 Herstellern. Die Aufnahmekriterien, um in dem wunderschönen Ambiente präsentiert zu werden, scheinen einem Dreiklang zu folgen, einer Symbiose aus einer gewissen Anschaulichkeit, hochwertigsten Materialien und einer perfekten Verarbeitung. Anders gesagt: Industrie- und Massenware wird man hier vergeblich suchen. Im Gegensatz zur Ostsee, die zwar eigentlich einige Kilometer entfernt liegt, jedoch in vielen Schmuckstücken verewigt ist. Tipp: Kerstin Piehls bezaubernde Bildkunstwerke, die zum großen Teil mit Meeresfundstücken gestaltet sind!

2 **Produzentengalerie Catrin Freuschle • Lübecker Str. 3, 23948 Klütz • produzentengalerie-catrin-freuschle.de**

Reise zum Nordpol

Auf Expedition im Eiswerk

→ **Mystisch bunt – die Eiswelt im Eiswerk**

Puh, geschafft. Endlich im Basislager. Schneeblind und fröstelnd lockt das Ende der beschwerlichen Tagesetappe. Aber was ist das? Ein Kamel? Keine Sorge, du darfst deinen Augen trauen. Schließlich befindest du dich mitten in einer Eisfigurenausstellung im *Eiswerk* Rövershagen, einer auf minus sieben Grad schockgefrosteten Halle. Mehr als 20 Stationen aus 300 t Schnee und Eis hat das internationale Schnitzteam um Othmar Schiffer-Belz in Szene gesetzt. Gekonnt und gewusst wie – der künstlerische Leiter hat nämlich mehrere Jahrzehnte Eisexpertise. Wobei: Muss man Künstlern, die Weltmeister im sogenannten Ice-Carving sind, überhaupt noch Hilfestellung geben?

Wir sind also im Basislager. Noch einmal mit Expeditionskollegen gefachsimpelt, überprüft, ob Stiefel sitzen und geschaut, ob die Ausrüstung auch wirklich komplett ist. Gedanklich schwingst du dich gleich darauf auf den Paarhufer. Vorbei geht es an ägyptischen Pyramiden und durch die sandige Wüste, bis am Horizont die ersten Zebras auftauchen.

Afrika. Oder Asien. Mal die Weltreise eines kleinen Bärchens, mal Abenteuer von Moby Dick. Die 2000 m² große Eisfigurenausstellung findet ganzjährig statt und wird nur im November für drei Wochen geschlossen, damit Othmars kreative Handwerker mit ihren Kettensägen Hand anlegen und eine neue Welt aus gefrorenem Wasser entstehen lassen können. Immer auf dem Bauplan steht auch ein Eishotel, das Abenteuer im Gefrierschrank verspricht. Es soll übrigens das kleinste der Welt sein.

INSIDER-TIPP
Echt cool übernachten

3 **Eiswerk in Karls Erlebnis-Dorf Rövershagen • Purkshof 2, 18182 Rövershagen • karls.de**

Lyonel Feininger
in Ribnitz und Damgarten

Ribnitz schlägt New York Feininger im Klosterkabinett

Ein Weltstar auf Abwegen? »Oh nein, ganz sicher nicht« – das würde Gabi Raskop prompt jedem entgegnen, der die Stippvisiten des weltberühmten Künstlers Lyonel Feininger in Ribnitz-Damgarten skeptisch hinterfragt. Und Gabi Raskop muss es wissen. Mit Herz, Leidenschaft und jeder Menge Kenntnis ist die Galerieleiterin Pflegemama von mehr als 900 Meisterstücken regionaler Kunst. Vor allem aber von gleich mehreren Werken des weltweit geachteten Zeichners.

← **Hinter dieser Tür erwarten dich Werke wie der berühmte Holzschnitt »Das Tor«**

Dass sich Feininger hin und wieder an Hotspots der Ostseeküste blicken ließ, mag bekannt sein. Weniger die *Galerie im Kloster* mit ihrem Zwanzig-Quadratmeter-Feininger-Kabinett, das insgesamt zehn originale Zeichnungen und Grafiken hortet. Klimatisiert natürlich. Zwar leicht improvisiert zwischen herumschwirrenden Abluftschläuchen und einem surrenden Motor. Aber klimatisiert. Damit auch die einfach bezaubernden Feininger-Comics noch lange bei Klängen seiner selbst komponierten Fugen beäugt werden können.

Wer mehr über die Beziehung zwischen Lyonel Feininger und der Boddenstadt erfahren möchte, sollte einen Blick in das ausliegende Buch von Thomas Fehling werfen – oder sich im Anschluss an den Museumsbesuch auf einen Feininger-Rundgang begeben. Seit 2018 lotsen zehn Stelen kreuz und quer durch die vom Bauhaus-Künstler so geliebte Stadt. Das Besondere: Alle blauen Pfeiler haben einen rechteckigen Ausschnitt, durch den ihr den Blickwinkel Feiningers einnehmen könnt. Durch die Gucklöcher zu erkennen sind jene Motive, die zuvor bereits im Klosterkabinett in Augenschein genommen werden konnten.

INSIDER-TIPP **Kunst erwandern**

4 **Galerie im Kloster • Im Kloster 9, 18311 Ribnitz-Damgarten • galerie-ribnitz.de**

Unfrankiert arrangiert Unterwegs auf dem Postkarten-Pfad

→ **Kontraste von einst und jetzt vermittelt der Postkartenpfad**

Briefmarke drauf und ab dafür! Dass Wieck wie gemalt aussieht, haben schon unsere Vorfahren bemerkt. Fast aus dem ganzen Kaiserreich strömten die Sommerfrischler anfang des vorigen Jahrhunderts in das kleine Boddendorf, um eine Zeitlang Fünfe gerade sein zu lassen. Natürlich durfte auch eine Postkarte an die Liebsten nicht fehlen. Eine wunderbare Momentaufnahme. Allerdings: Wer hätte damals ahnen können, dass einige von diesen Zeitzeugnissen hundert Jahre später immer noch für Entzücken sorgen?

Deck dich in der *Darßer Arche* mit einem Wegweiser ein und begib dich auf einen rund zweistündigen Spaziergang durch die Vergangenheit. In dem wunderschönen Ort tummeln sich sieben leicht vergilbte Postkarten aus lange vergangenen Zeiten am Wegesrand. Die Motive machen schon mal sprachlos. Mal, weil das Auge einfach nicht wahrhaben möchte, dass der Ort, an dem man sich gerade befindet, noch haargenau so aussieht wie einst. Mal, weil die Geschichten alter Häuser und Plätze eben nicht mehr so aussehen wie anno dazumal. Beispiel: Strandweg. Der Name der Straße verrät bereits, worum es geht. Tatsächlich hat sich hier in den 1930er-Jahren ein entzückender kleiner Badestrand befunden, dessen feiner Sand in Verbindung mit saubersten Boddenwasser zu Sonnen- und Badefreuden lud. Zwar wurde der Sand mit Fuhrwerken mühsam vom Prerower Strand angekarrt, aber egal. Es war ein Badestrand – dort, wo heute das wilde Schilf im Winde wiegt. Du glaubst die Geschichte nicht? Die Postkarte liefert den Beweis!

5 **Postkartenpfad • Start: Darßer Arche, Bliesenrader Weg 2 • 18375 Wieck a. Darß**

HO-Kaufhalle Wieck „Zentral Einkauf“
Die ehemalige Kaufhalle der HO (1948 gegründete Handelsorganisation der ehemaligen DDR) wurde am 7. Oktober 1964 auf der Wiese vor der alten Schule als eine von drei Versuchshallen eingeweiht. Hier konnten Butter, Fleisch und andere Grundnahrungsmittel ohne Lebensmittelmarken eingekauft werden. Ein eigener Fleischermeister versorgte die Wiecker und die zahlreichen Urlauber täglich mit frischen Fleisch- und Wurstwaren. Als Einkaufsmarkt wurde das Gebäude noch bis kurz nach der Wende genutzt und war dann bis zum endgültigen Abriss für eine kurze Zeit noch der Festsaal des Wiecker Tonnenbundes.
Wieck a. Darß
Bodstedter Bodden

Romantik pur
Radeln mit Caspar David Friedrich

Bereits vor dreihundert Jahren waren die Greifswalder echte Romantiker. Damit ist nicht ihre Leidenschaft für warme Badewannenbäder bei Kerzenschein gemeint, sondern ihr Sinn fürs Schöne vor der eigenen Haustür. Schwingt euch aufs Rad und versucht zu verstehen, was Pinselvirtuosen wie Caspar David Friedrich, Philipp Otto Runge oder Friedrich August von Klinkowström an der Ostseeküste faszinierte. Alle drei hinterließen in der Region tiefe Fußstapfen.

← Romantische Szenerien wie diese waren es, die einst die Künstler anlockten. Heute fällt deren Verewigung leichter …

54 km lang ist der ohne Probleme an ein bis zwei Tagen zu meisternde Themenradweg *Route der Norddeutschen Romantik*, der an der beeindruckenden und vielfach in Farbe gefassten Klosterruine Eldena beginnt. Informationstafeln entlang der ausgeschilderten Route lassen nicht nur erfahren, wo wann wer gewohnt hat, sondern auch, was es mit Friedrichs Hochzeitsreise am Hafen des verschlafenen Örtchens Vierow auf sich hat oder welche Kulisse als Vorlage für welches Bild diente. Wenn du magst, kannst du dir vor dem Start des Abenteuers eine kostenlose Audiotour auf dein Handy laden und mit Knopf im Ohr »romantische« Wegpunkte wie das Schloss Ludwigsburg, das Seebad Lubmin oder die Dorfkirche in Kemnitz erradeln. Den Endpunkt des Fahrradspaziergangs markiert die Stadt Wolgast. Ein Ort, der mit einem Motiv gleich zweimal in die Kunstgeschichte einging: Sowohl Runge als auch Friedrich zeichneten nämlich den an der Peene gelegenen Wolgaster Hafen. Wenn das nicht Grund genug für ein Foto ist!

INSIDER-TIPP
Gratis Privatführung

6 **Route der Norddeutschen Romantik • Start: Klosterruine Eldena, 17493 Greifswald • romantik.vorpommern.de**

Mit Badehose ins Museum Open-Air-Kunst am Strand

→ **Bilderflut am Strand: die Ausstellung »Die Letzten ihrer Zunft« beim »horizonte zingst« mit Fotografien von Franz Bischof und Jan Kuchenbecker**

Tüchtige Fischer, die in aller Herrgottsfrühe raus aus den Federn, rein in den Friesennerz und rauf auf den Kutter springen. Urkräftige Wellen, die mit wildem Tosen an die Küsten unserer Welt rollen. Oder sanft dahinwallende Quallen, die mit ihrem transparenten bis bunten Glibberkleid voller Schimmer durch die Tiefen von Ostsee oder Atlantik balancieren. Der Faszination des Meeres und seiner Bewohner – sowohl auf als auch unter Wasser – gilt der Fokus, wenn wieder mal Fotografen wie Jan Kuchenbecker oder Franz Bischof sowie des Umweltfotofestivals *horizonte zingst* am Werk sind.

Die Bildprofis haben sich überlegt, wo man in Zingst am besten ebendiese Aufmerksamkeit erhält, und zwar gänzlich ohne Streuverluste. Na klar, an der Wasserlinie. Jeder, wirklich jeder, der das Ostseebad Zingst besucht, streift garantiert einmal die Seebrücke, wenn auch nur für den einen obligatorischen Blick aufs Meer. Ein Spaziergang auf dem Wasserwunderwerk ist besonders rund um den Monat Juni lohnend. Nehmt am besten gleich euer Strandhandtuch mit und macht es euch am Ende der Runde unterhalb der Brücke bequem. Die riesigen in den sandigen Boden gerammten Freiluftpräsentationen sind phänomenal. Selbst als Kunstbanause wird man seinen Sonnenbrillenblick kaum von den hochprofessionellen Werken internationaler Spitzenfotografen losreißen können. Glücklicherweise muss das auch niemand. Der Strand kennt keine Öffnungszeiten – und nimmt übrigens auch keinen Eintritt.

7 **Horizonte Zingst • An der Seebrücke Zingst • 18374 Ostseebad Zingst • horizonte-zingst.de • rund um die Monate Juni und Juli sowie im September und Oktober**

Leuchte, schöner Pelikan Im Zoo der Lichter

Wen treibt es bei dieser Eiseskälte schon in den Zoo? Die Frage nach dem »alternativen Angebot« im düsteren Winter spielte bei den Verantwortlichen des Rostocker Zoos sicher eine Rolle, als sie die *Zoo-Lights* ins Leben riefen.

Kuscheldecke zur Seite und ab in den Tiergarten! Begebt euch auf einen erhellenden Spaziergang durch den historischen Teil der beliebten Parkanlage, vorbei an lodernden Feuerschalen, Glühweinstationen und selbstverständlich zahlreichen Bewohnern des Zoos. Viele der üblicherweise tagaktiven Savannenstreuner und Baumkletterer sind in diesen Tagen nachtaktiv und strahlen hell erleuchtet in ihren Wintergehegen um die Wette. Da treffen riesige Elefanten auf noch größere Giraffen, Tiger auf Löwen, aber auch funkelnde Seesterne auf Grillen und Flamingos auf Faultiere. Die magische Entdeckertour führt über alle Kontinente und vorbei an mehreren Hundert der leuchtenden Installationen mit Kleidern aus feinster chinesischer Ballonseide. Am besten strolcht ihr gemeinsam mit einem Ranger über das Gelände: Während der Wintermonate finden jeden Abend spezielle Zoo-Lights-Führungen statt.

Wer nun denkt, er bekäme an diesem Abend gar keine lebensechten Artgenossen mehr zu Gesicht, der irrt. Unter den über 4000 Tieren aus der ganzen Welt gibt es schließlich genügend Zoobewohner, die auch nach der offiziellen Abendschließung des Museums noch ihre Runden im Gehege drehen – und damit sind nicht nur die Glühwürmchen gemeint.

← Hier darfst du ganz nah ran an die Zoobewohner, …

← … selbst an die mit den langen Stoßzähnen!

8 **Zoo Lights im Zoo Rostock • Barnstorfer Ring 1, 18059 Hansestadt Rostock • zoo-rostock.de • meist Mitte Dezember bis Ende März**

Wo der Ton gezügelt wird Kunst aus dem Brennofen

→ **Regionale Motive in Kobaltblau auf weißer Glasur – typisch Rügener Fayencen**

Traditionen zum Mit-nach-Hause-nehmen: In der *Keramikwerkstatt Jürgen Reich*, untergebracht in einem denkmalgeschützten Altenteilerkaten im kleinen Örtchen Bartenshagen, könnt ihr nicht nur eine jahrtausendealte Handwerkskunst live erleben, sondern auch echte Unikate abstauben. Wie wäre es mit einer neuen Suppenschüssel, die so garantiert noch keiner im Bekanntenkreis hat? Oder einer bunt verzierten Vase für das nächste Blumengeschenk? Keines der von Jürgen Reich handgefertigten Schmuckstücke kommt von der Stange. Nicht selten werden von dem Tonkünstler sogar Keramikscherbenfindlinge aus der näheren Umgebung auf der Töpferware verarbeitet und damit Einzel- zu archäologischen Schmuckstücken.

Ganz so historisch geht es in der Töpferei im Dörfchen Götemitz auf Rügen nicht zu. Wobei auch in diesem Atelier unter einem alten Rohrdach gewerkelt wird und der Herr des Hauses, Peter Dolacinski, bereits seit Jahrzehnten seiner Leidenschaft nachgeht. Zu DDR-Zeiten verschrieb sich der Keramiker den sogenannten *Rügener Fayencen*, die in seiner Töpferstube heute noch die meisten Teller, Tassen und kleine keramische Andenken verzieren. Es ist eine Veredelungsart, die immerhin aufs 17. Jh. zurückgeht. Doch das historische Element verschwindet schnell hinter der fast schon betörenden kobaltblauen Farbe und den wunderschönen maritimen Motiven. Da zieren Wellen Eierbecher, Möwen schmücken Flaschen, Kreideküsten Krüge und Dünengräser Schalen. Ein Augenschmaus, der optisch irgendwo zwischen Bunzlauer Keramik und Meißner Porzellan anzusiedeln ist.

9 **Keramikwerkstatt Jürgen Reich • Am Stegebach 11, 18209 Bartenshagen • keramik-reich.de**

10 **Rügener Fayencen • Götemitz 24, 18573 Rambin (OT Götemitz) • dolacinski.de**

Flug Mecklenburg

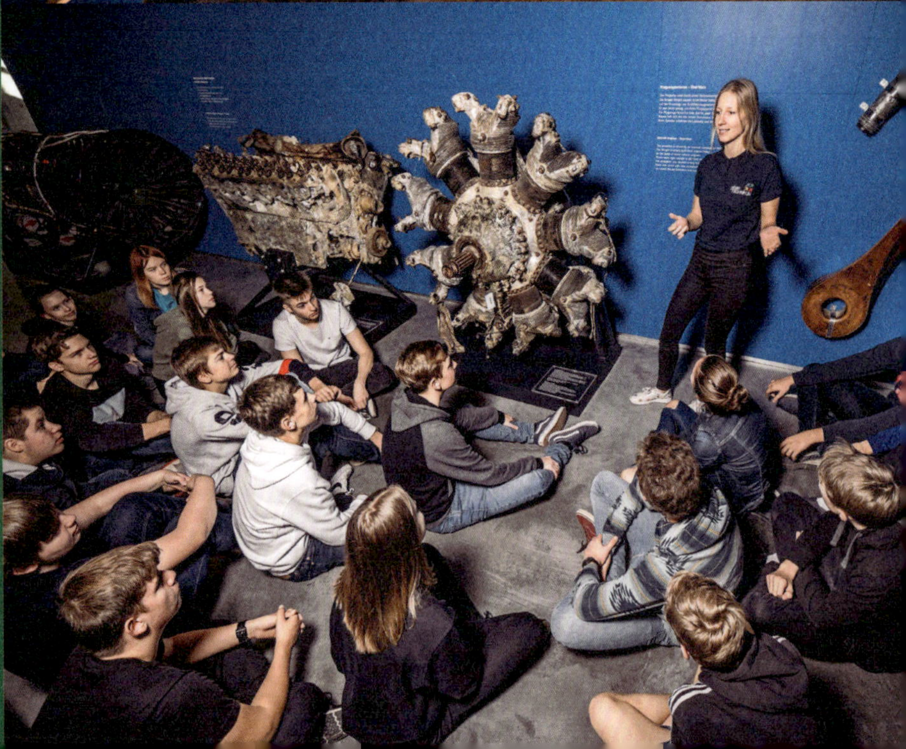

Was für eine Luftnummer Lilienthal ruft zum Casting

Tragen sollte ihn der Seewind. Leider ging es am Ende schief. Dennoch sind die Errungenschaften Otto Lilienthals wegweisend. Vielleicht würden wir heute immer noch mit quietschenden Stoßdämpfern und voll gepacktem Dachgepäckträger über den Brenner nach Spanien düsen, hätte Lilienthal sich nicht eines Tages in den Kopf gesetzt, Storch und Star zu imitieren. Einer der beeindruckenden Gleiter, mit denen der Pionier in die Luft ging, hängt unweit jener Orte, an dem diese und ähnlich ertüftelte Fluggeräte einst zum Einsatz kamen – nebst vielen weiteren Tragflüglern, Doppeldeckern und Raketen. Nämlich in Wismar im *Phantechnikum*. Da können Papa, Mama, Sohn und Tochter schon mal ins Staunen kommen.

← Ausflug in die Luftfahrtgeschichte: Frühe Gleiter …

← … und mächtige Motoren

Darüber hinaus decken zahlreiche Experimentierstationen Alltagsphänomene auf und bilden Nachwuchsforscher aus. Ein Propellerkarussell, das euch emporträgt, während gleich nebenan ein Ballon mit Heißluft geflutet wird. Wer nicht schwindelfrei ist, kann auch auf der Erde bleiben. Oder im Wasser – genauer gesagt, auf einem Wasserweg, der klar macht, dass das normalerweise flüssige Nass auch schon mal unsichtbar sein kann. Welches Element auch immer bevorzugt wird, ein Besuch der Erlebniswelt macht klug. Wer das schon ist, nimmt an einem der rund um das Jahr stattfindenden Workshops, Thementage und Erlebnisprogramme oder einer Führung teil, um z. B. in die Kunst des Schweißens eingeweiht zu werden. All diese Angebote machen Kluge noch klüger. »Check« werdet ihr denken, während es vorne knallt und hinten »Aha« macht.

INSIDER-TIPP
Für Nachwuchsingenieure

11 **Phantechnikum • Zum Festplatz 3, 23966 Hansestadt Wismar • phantechnikum.de**

Gebackene Steine
Unterwegs auf der Backsteinroute

→ Innen wie außen Mittelalter und Backstein pur: das Doberaner Münster

Am Backstein kommt in Wismar niemand vorbei. Überall in der Hanseperle sind die prächtigen Rotsteinbauten zu erspähen. Idealer Startpunkt für eine Zeitreise auf der Backsteinroute ist das Untergeschoss des Turms der Wismarer *Kirche St. Marien*, wo ihr bei einem spannenden 3D-Film von Stadtmaskottchen Bruno Backstein erfahrt, wie aufwendig so ein Bau im Mittelalter war. Und auch, wie sich einfache Lehmklumpen bei 1000 Grad im Ofen in Backsteine verwandeln ließen. Mit diesen Grundkenntnissen steht ihr anschließend noch staunender vor St. Marien, aber auch vor ihren wuchtigen Schwestern, der St. Nikolai- und der St. Georgenkirche. Wer einen Blick in Letztere wirft, sollte sich die Dauerausstellung »Wege der Backsteingotik« nicht entgehen lassen.

In der Schau ist auch die Rede vom *Doberaner Münster*. Der achteckige Bau gilt als einer der am besten erhaltenen Backsteinbauten weit und breit. Dabei ist die Architektur gar nicht mal so norddeutsch, wie man meinen könnte. Die Baumeister orientierten sich damals an den großen hochgotischen Kathedralen des frühen Mittelalters. Damit sollte alles gesagt sein.

Zu guter Letzt solltet ihr mit einem Besuch der beschaulichen *Klosterkirche St. Maria im Sonnenkamp* noch ein Kontrastprogramm wählen. In Neukloster erlebt ihr die Backsteingotik als kleinen, aber äußerst feinen Mikrokosmos.

12 **Kirche St. Marien • St.-Marien-Kirchhof, 23966 Hansestadt Wismar**

13 **Doberaner Münster • Klosterstr. 2, 18209 Bad Doberan • muenster-doberan.de**

14 **Klosterkirche St. Maria im Sonnenkamp • Klosterstr. 2, 23992 Neukloster • sonnenkamp-neukloster-ev.de**

Buddelburgen deluxe
Sandkunst von den Profis

Ein Eimer Ostseewasser, eine Schippe Sand, ein Schuss Kreativität. Nach drei Stunden ist sie fertig, die mit Törchen und Türmchen gespickte Sandburg. Ihr könnt stolz auf euren Nachwuchs sein! Wie schade, dass die Werke nur von kurzer Dauer sind. Eine Welle, ein Schauer oder ein kräftiger Windstoß genügt, um die Architekturikonen dem Sandboden gleichzumachen.

Warum die Sandwelten einfach nicht für die Ewigkeit bestimmt sind und wie Profis an die ganze Sache rangehen, ist in faszinierenden Sandfigurenausstellungen an der Waterkant zu ergründen. Z. B. während des *Sandskulpturenfestivals Rügen* am Binzer Strand, das unter dem schützenden Dach eines riesigen Glaspalastes stattfindet und zu den weltweit größten Veranstaltungen seiner Art zählt.

Sandkunst vor einer ganz besonderen Kulisse erlebst du im *Pier 7* in Warnemünde. Jedes Jahr im April verwandeln Sandexperten aus der ganzen Welt im Angesicht riesiger Kreuzfahrtpötte mehrere hundert Tonnen Sand in filigran gearbeitete XXL-Welten. Nein, nicht den vom wenige Meter entfernten Warnemünder Strand, auch wenn es naheliegend wäre. Der hier verarbeitete Sand wird extra aus einer Sandgrube im brandenburgischen Niederlehme angekarrt. Und der offenbart das Geheimnis. Schaut man sich nämlich die Struktur dieser Sandkörner unter dem Mikroskop an, wäre festzustellen, dass sie eckig ist. Damit ist die Pappigkeit um einiges höher als bei den eher rundlich geformten Sandkörnern vom Strand. Hättest du das gewusst?

← Ein Geheimnis dieser Kunst: eckige Sandkörner!

15 **Sandskulpturenfestival Rügen • Proraer Chaussee 15, 18609 Ostseebad Binz • sandfest-ruegen.de • von März bis November geöffnet**

16 **Sandwelt im Pier 7 • Am Passagierkai 1, 18119 Warnemünde • karls.de • von April bis Oktober geöffnet**

Körbe und Kunst
Kaikantenshopping auf dem Hafenmarkt

→ Körbe und Bernstein, …

→ … Musik und Kulinarisches – der Markt ist ein Familienziel

Man könnte ihn als Stammtisch der Kreativen bezeichnen. Besser gesagt: der kreativen Einheimischen – oder einheimischen Kreativen. Gut besucht, aber nicht überlaufen, zeigt sich der *Dierhäger Hafenmarkt* nicht nur Urlaubern, vor allem Ansässige freuen sich über frische Zutaten für den nächsten Fischeintopf oder das obligatorische Honigbrot am Morgen. Mindestens genauso kreativ wie die stillen Marktschreier der Fraktion »Bio vorm Boot« waren die Kunsthandwerker, die fast immer die Logenplätze an der Kaikante des beschaulichen Zeesboothafens im Boddenteil des Ostseebades erhalten. Da werden Bernstein und Bernsteinschmuck feilgeboten, Kinderjacken von der Häkelliese, überraschende Hutkreationen für das nächste Gesehenwerden bei der Pferderallye oder mit maritimen Blauschleifen verzierte Butterschalen aus der Keramikwerkstatt.

Wohlgemerkt, hier gilt der gute alte Werbeslogan: »Einmal hin, alles drin.« Das beste Angebot des beschaulichen Hafenmarktes gibt es allerdings nicht käuflich zu erwerben. Flair. Traumhaft ist die Kulisse, die sich hinter den Anhängern und Holzhütten erschließt: hoch in den Himmel ragende Masten historischer und hochmoderner Segler, die leise im Sommerwind vor sich hinklimpern und das spiegelglatte Boddenwasser, welches bis in den Markt hineinzuragen scheint. Wenn dann noch eine musikalische Kreative ihren Teppich ausbreitet und mit einheimischen Quetschkommodenklängen verzaubert, kann man schon mal den Einkaufszettel vergessen.

17 **Dierhäger Hafenmarkt • 18347 Ostseebad Dierhagen • ostseebad-dierhagen.de • zweimal wöchentlich in den Sommermonaten**

nstein, Schmuck & mehr ...

Nüdel

Auf dem Teppich geblieben Der Schatz der Freester Fischer

Schluss, aus, vorbei. Als 1928 aufgrund einer Überfischung ein dreijähriges Fangverbot kam, standen die Freester Fischer vor dem Nichts. Zum Glück hatte der Greifswalder Landrat Werner Kogge die Idee, aus alten Fischernetzen und aussortierten Reusen Teppiche zu knüpfen. Eine neue Einnahmequelle war geboren. Bald standen 50 Seemänner an Webstühlen, um die wohl ersten durch und durch norddeutschen Teppiche zu kreieren.

Inzwischen sind sie fast ausgestorben, die Freester Teppichknüpfer. Da ist es gut, dass es Orte gibt, welche die wunderbare Geschichte der »Volkskünstler«, wie sie zu DDR-Zeiten bezeichnet wurden, und die wie Gold gehandelten Teppiche bewahren. Nach einem Besuch samt Fischbrötchenstärkung am malerischen Fischerhafen von Freest, von dem heute immer noch jeden Morgen hartgesottene Fischer mit ihren tuckernden Kuttern in die Ostsee aufbrechen, solltet ihr zunächst die nahegelegene *Heimatstube* des Ortes aufsuchen. In der Stube, die vielmehr ein Museum ist, hängen einige der »Perser der Ostsee« fein aufgereiht an der Wand, nicht dass sich beim Drüberlaufen noch einer der Zehntausenden handgeknüpften Knoten löst. Was für eine Mühe in den mit Wasser-, Wellen- oder Ankermotiven versehenden Nutzkunststücken drinstecken muss, wird spätestens bei einem Blick auf das Werkzeug klar, mit dem sie zu Leben erweckt wurden. Ein solch spezieller Webstuhl wartet im *Stadtgeschichtlichen Museum Wolgast* auf Schaulustige – und scheinbar auch auf seinen Besitzer, der das angefangene Teppichwerk vollendet.

← In sorgfältiger Handarbeit …

← … entstehen die Perser der Ostsee

INSIDER-TIPP
Fisch direkt vom Kutter

18 Heimatmuseum Freest • Dorfstr. 67, 17440 Kröslin • kroeslin.de/tourismus/heimatmuseum-freest • zweimal wöchentlich in den Sommermonaten

19 Stadtgeschichtliches Museum »Kaffeemühle« • Rathausplatz 6, 18438 Wolgast • museum.wolgast.de

Dreimaster in der Flasche Im Buddelschiffmuseum

→ **Liebevolle Kleinstarbeit – und die Schiffe finden in die Buddeln**

Grauer Vollbart, Schifferhemd und ganz viel Gefühl in den Händen. Erstere sind »nice-to-have«, Letzteres ist ein Muss. Ohne eine ruhige Hand hätte Jürgen Kubatz nämlich kaum eines seiner mehr als 400 filigran gestalteten Schiffsmodelle in die Buddel bekommen. Schon gar nicht in eine Fahrradglühlampe.

Im kleinen *Buddelschiffmuseum* unweit des Boltenhagener Strandes könnt ihr noch eine Kunst erleben, die norddeutscher kaum sein könnte. Tretet ein in das kuriose Reich des Mittsiebzigers, in dem seit Jahrzehnten jährlich bis zu 20 in Flaschen gequetschte Nachbildungen berühmter Barken und Schiffe entstehen. Über jedes einzelne Modell, ob bei der »Titanic«, »Gorch Fock« oder beim beeindruckenden (im Übrigen weltweit einzigen) Siebenmaster, der »Lawson«, werdet ihr staunen. Über die Detailverliebtheit des Buddelschiffkönigs genauso wie über die Buddelschifferei im Allgemeinen. Wie in aller Welt sollen die mastbeseelten Schiffe durch die kleine Trinköffnung der Flaschen gelangt sein?

So viel sei vorweggenommen: Auch Jürgen Kubatz hat es nicht immer leicht, zumal eine Hand stets die Flasche hält und damit nur die andere für die Bastelei übrig bleibt. Wie er trotzdem am Ende des Tages als Sieger vom Platz geht, könnt ihr mit etwas Glück live an seiner Werkbank beobachten. Zur Not fragt einfach nach – oder probiert es gleich selbst aus. Der Modellbauer ist nicht nur Museumsbesitzer, Sammler und Kurator in einer Person, er ist auch Guide und Pädagoge. Lust auf einen Buddelschiff-Workshop?

INSIDER-TIPP
Ich werd' Buddelschiffer

20 **Buddelschiffmuseum Jürgen Kubatz • Ostseeallee 23, 23946 Boltenhagen • Tel. 038825-29062**

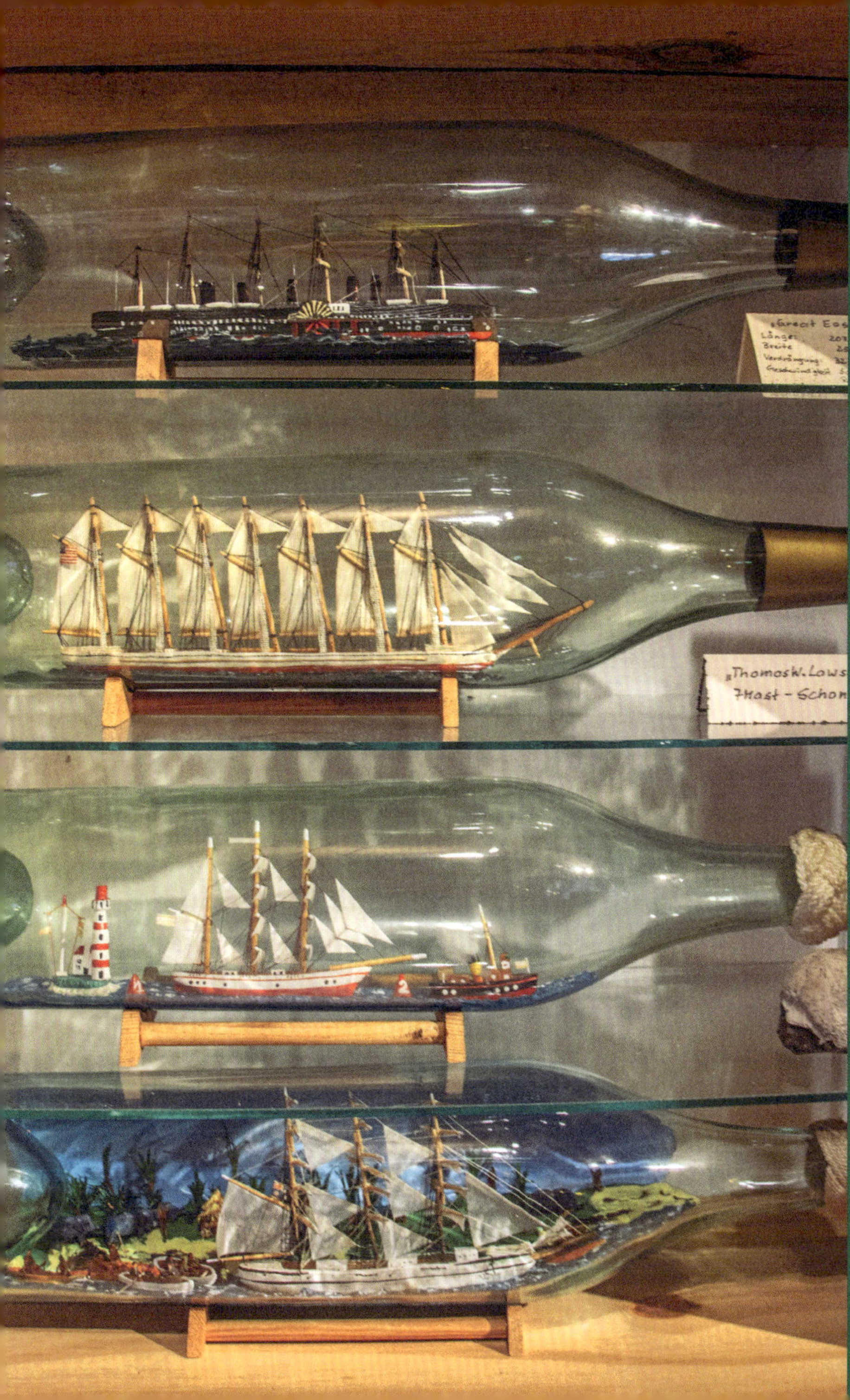
Thomas W. Laws
7Mast - Schon

Und: Action! Auf dem Wasser, zu Lande oder in der Luft. Ob kleine Mutprobe, sportliche Spitzenleistung oder einfach mal aufs Spaßpedal treten: Tob dich aus, sei wild, und zeig, was in dir steckt!

Die wilde Seite

Gas geben und Spaß haben von sportlich bis mutig

Rasouls heiße Rhythmen Salsa tanzen am Strand

→ **Rasoul ganz in seinem Element**

»Verloren sei uns der Tag, wo nicht einmal getanzt wurde« – Rasoul hält es ganz mit Friedrich Nitzsche. Mit jeder Menge südländischem Rhythmusgefühl bringt er sich dabei nicht nur selbst auf Touren, vor allem begeistert er die, die die Tanzfläche bisher nur als mitwippende Tresenzuschauer kennen. Das gelingt Rasoul von den *Salsakurs mit Rasoul* dank seines tänzerischen Temperaments und seiner mitreißenden Art, ein wenig allerdings auch aufgrund der einmaligen Location seines Treibens.

Jeden Sonntag in Juli und August klappt Rasoul sein Understatement-Schild »Heute 16 Uhr Salsa« an der Seebrücke auf, um kurz darauf auf seinem mobilen DJ-Pult auf dem Strand aufzulegen. Wenn du zu den Sonnenbadenden gehörst, welche die Tanz-Crew bis jetzt noch nicht bemerkt haben, wirst du bei den zunächst noch leisen Klängen der lateinamerikanischen Musik hellhörig und neugierig. Das ist das Ziel von Rasoul: ein fliegender Start in den Salsa-Kurs, für den keine Anmeldung nötig ist.

Das Ganze mutet an wie ein spontaner Flashmob. Nur wenige Minuten nach Musikbeginn findet man sich inmitten einer Traube von zwanzig bis dreißig Tanzwütigen wieder, die unter der Anleitung des sympathischen Rhythmuslehrers zwischen Beach-Bar und plantschenden Kindern die Hüften schwingen. Die Grundschritte wirst du in Nullkommanix im Blut haben. Dafür wird der gelernte Sozialpädagoge schon sorgen. Schließlich hat er bereits zu Studienzeiten jede Menge tanzmuffelnder Kommilitonen in echte Salsa-Profis verwandelt.

1 **Salsakurs mit Rasoul • Unterhalb der Seebrücke von Boltenhagen • Mittelpromenade, 23948 Ostseebad Boltenhagen • salsafreunde-luebeck.de**

Olé Allee
Über den Ostsee-Highway cruisen

Lasst doch mal den Strand links liegen und macht die Straße zum Ausflugsziel. Bei runtergekurbelten Fenstern, oder gleich mit dem gemieteten Cabrio, könnt ihr auf einem ganz besonderen Teilstück von Deutschlands Ferienstraße Nummer Eins einen Roadtrip der Extraklasse erleben. Wusstet ihr, dass die *Deutsche Alleenstraße* 1992 in Sellin auf Rügen gegründet wurde? Auch wenn sie heute quer durch Deutschland und auf ganzen 2900 km genossen werden kann – die eindrücklichsten baumbeschatteten Straßenzüge stehen ohne Frage immer noch am Ursprungsort der Erlebnisstraße.

Startet die Fahrt am besten im Ostseebad Göhren. Von hier zirkelt man einige Hügel hoch und runter bis zur »Weißen Stadt« Putbus, wo ihr standesgemäß vor der Orangerie des Schlossparks parkt und im Inneren Käffchen und Kuchen genießt. Voll auf Genuss getrimmt geht es zur schönsten Alleenetappe, die zwischen dem Ortsausgang von Putbus und dem verschlafenen Dörfchen Garz wartet. Dicke Linden geben euch Geleit, verzaubern mit ihren Schattenspielen und dunstumhüllten Lichtstrahlen, die vereinzelt den Asphalt erreichen. Eine Szenerie wie aus einem Film – vielleicht werden die charaktervollen Baumwüchse deshalb an dieser Stelle auch Krimilinden genannt? Malt euch aus, welcher Übeltäter hier sein Unwesen treiben könnte, während ihr die letzten Inselalleenmeter in Richtung des Strelasunds rollt.

← Auf der Tour immer dabei: ein grünes Band von Bäumen

INSIDER-TIPP
Wie ein Schlossherr speisen

2 **Deutsche Alleenstraße • von Göhren über Sellin, Putbus, Garz und Poseritz nach Altefähr • alleenstrasse.com**

Rütteln über Rügen

Unterwegs im Hanomag

→ **Die Tour – ein Abenteuer ...**

→ **... mit geselligem Abschluss**

Wer die Spezialanfertigungen der Bundespolizei aus den 60er-Jahren sieht, dem wird warm ums Herz. Und erst der Sound – wenn der Diesel des stählernen Gruppenkraftwagens nach dem Vorglühen dann endlich auch mal angesprungen ist. Sorge dafür trägt Holger Barthmann, ein gelernter Betriebswirt, der vor einigen Jahren auf den Hanomag und auf die Insel Rügen gekommen ist. Seither tuckern er und seine Crew mit Gästen bei seinen *Hanomag-Tours* überall dorthin, wo es schön ist und wo man sich mit seinem frisch geputzten Kombi vielleicht doch nicht auf Anhieb hintrauen würde.

Brummend und klappernd geht es vom Hauptquartier in Sassnitz auf zu den mal fünf-, mal siebenstündigen Safaris. Ihr habt euer Zelt nicht im Norden von Deutschlands größter Insel aufgeschlagen? Kein Problem. Holgers Mannschaft sammelt euch auch an anderen Ecken des Eilands ein. Nur etwas Zeit sollte man mitbringen. Mit kaum mehr als 30 km/h mühen sich die etwas in die Jahre gekommenen Gruppenkraftwagen ab. Z. B. auf dem Weg zum Mönchgut, bei dem ihr unterwegs nicht nur den »Rasenden Roland« vorbeischnaufen seht, sondern auch malerische Pfade und Buchten rund um das ehemalige Fischerdörfchen Alt Reddevitz erlebt. Erst auf der Pritsche, später auf Schusters Rappen. Wer die kleine Wandereinlage nicht scheut, wird für seine Mühen belohnt: mit einem Schluck von Holgers selbstgebranntem Sanddornschnaps bei einem grandiosen Blick auf den Greifswalder Bodden.

3 **Hanomag-Tours • Ferienheim Birkengrund 1, 18546 Sassnitz • hanomag-tours.de**

nomag-tours.de
Safari
HANOMAG-TOURS
www.hanomag-tours.de
Telefon: 0171-7430964

Glück im Galopp Einmal im Leben durch die Brandung reiten

Unter Pferdefreunden kursiert immer noch hartnäckig das Gerücht, dass Strandreiten in Deutschland verboten sei. Auf manchen Strandabschnitten – eigentlich sogar auf den allermeisten – ist es tatsächlich nicht erlaubt. An der mecklenburg-vorpommerschen Küste kann das Vergnügen allerdings von der »Bucket list« gestrichen werden, und zwar selbst von denen, die kein eigenes Pferd im Stall stehen haben. Bei über 1900 km Küstenlinie ist das auch kein Wunder, immer wieder finden sich hier Bereiche, die sogar ganz offiziell für Reiter freigegeben sind.

↓ In den Wellen reiten – ein echtes Glückserlebnis!

Eines dieses Traumreviere ist der kilometerlange Ostseestrand von Dierhagen auf der Halbinsel Fischland-Darß-Zingst. Hier trefft ihr in der Nebensaison nicht nur dick eingemummelte Spaziergänger, sondern auch jede Menge Pferdenarren aus allen Ecken Deutschlands.

Ganz regelmäßig sind die Rösser und Reiter der *Bernsteinreiter vom Erlebnisreiterhof Hirschburg* aus Ribnitz-Damgarten am Dierhagener Strand auszumachen. Der riesige Pferdefreizeithof ist besonders auf Einsteiger und Anfänger eingestellt und bietet mehrmals wöchentlich Ritte durchs anbrandende Meer an. Damit das Erlebnis gelingt, gibt's für alle ohne große Pferdekenntnisse vorab eine Probereitstunde »an Land«, in der Vier- und Zweibeiner zueinanderfinden. Wer diese erfolgreich meistert, erhält seinen Rittführerschein und damit den Schlüssel zum Glück, das an der Ostseeküste wortwörtlich auf dem Rücken der Pferde zu finden ist.

4 Bernsteinreiter Erlebnisreiterhof Hirschburg • Neukockenhäger Weg 1a, 18311 Ribnitz-Damgarten • bernsteinreiter.de

Ein Schlag aufs Meer

Swingolfen für Jedermann

→ In einer Traumkulisse: der Golfplatz von Swingolf Boltenhagen

→ Aufs Putting-grün und dann ganz genau zielen!

Wer das Wort »Handicap« nicht auf Anhieb mit Sport in Verbindung bringt, ist hier genau richtig. Auf dem Golfplatz. Damit der gemeine Edelsportler an dieser Stelle nicht die Hände über dem Kopf zusammen- oder gar den kleinen weißen Ball ins Aus schlägt, sei tatmildernd hinzugefügt, dass es sich um die noch junge Jedermannssportart Swingolf dreht. Ob das den Profi jedoch beruhigt?

Egal. An dieser Stelle geht es um Spaß und Meer. Besser gesagt: Spaß am Meer, den du mit Kind oder Kegel bei *Swingolf Boltenhagen* haben kannst. Keine Angst, Golfschläger und ein weißer Lederhandschuh werden ebenso wenig benötigt wie eine Platzreife und nennenswerte Regelwerk-Kenntnisse. Letzteres ist nämlich denkbar einfach gestrickt und lässt sich in einem Satz zusammenfassen: Es gilt, einen nicht handelsüblichen Golfball mit einem nicht handelsüblichen Golfschläger mit möglichst wenigen Schlägen ins dann doch handelsübliche Zielloch zu befördern. Wer am Ende eines Spiels gewonnen hat, ist klar: derjenige, der die geringsten Ballberührungen auf dem Zettel notiert hat. Du wirst aber schnell feststellen, dass Gewinner der Swingolf-Partie nicht die gleiche Aufmerksamkeit erhalten werden wie ein anderer Siegertyp an diesem Ort: die fabelhafte Kulisse. Sie macht das bloße Schlagen auf den Ball erst zum Erlebnis. Wenn der Weitblick über das Grün zum Blau führt, das Meer salzige Grüße schickt und dir klar wird, dass dich die Ostseeküste wieder einmal zu einem echten Glückspilz gemacht hat.

5 **Swingolf Boltenhagen • Ausbau 16, 23946 Ostseebad Boltenhagen • swingolf-boltenhagen.de**

Highspeed im Stahlkanal Über die Sommerrodelbahn flitzen

Wenn dein letzter Ritt auf dem Schlitten mangels Schnee schon etwas her, die Lust aber ungebrochen ist: Wie wäre es mit einer Rodelpartie auf dem Trockenen? Nicht weit von den schönsten Ostseestränden gelegen gibt es gleich mehrere Möglichkeiten, Höhenluft zu schnuppern und sich in rasanter Manier zu Tal zu stürzen.

← Los geht's mit Bergaufrodeln

Das Umgewöhnen vom traditionellen Schlitten auf den Rollrodelflitzer geht auf der *Sommerrodelbahn Bad Doberan* flugs. Draufsetzen, Hand an die Bremse und Bauchkribbeln genießen. Natürlich erst, nachdem du mithilfe des Liftes den Berg erklommen hast. Sagenhafte 40 m hoch sind beispielweise die Erhebungen in den »Doberaner Alpen«, die mit einer Sommerrodelbahn der Extraklasse aufwarten. Auf einer Pistenlänge von fast einem Kilometer, in sieben scharfen Kurven und bei einer Spitzengeschwindkeit von mehr als 30 km/h erhält deine Frisur einen neuen Drive – im großen Leuchtkreisel wird sie nochmals richtig in Szene gesetzt. Spektakulärer ist nur die Fahrt durch das Dunkel der Nacht – ein abgefahrenes Erlebnis, das auf Nachfrage angeboten wird.

INSIDER-TIPP
Im Dunkeln rodeln

Das deutschlandweit nördlichste Sommerrodelvergnügen, das entgegen seiner Bezeichnung übrigens auch im Winter Spaß verspricht, wartet mit der *Inselrodelbahn* in Rügens Hauptstadt Bergen. Nicht weit vom Ernst-Moritz-Arndt-Turm, der sich über den Höhenrücken des Rugard erhebt, pesen geübte Schlittenpiloten mit 50 Sachen den rund 700 m langen Edelstahlkanal hinunter. Unten angekommen ist das Fazit klar: Ostsee: Eins, Alpen: Null.

6 Sommerrodelbahn Bad Doberan • Bergstr. 1, Stülower Weg 70, 18209 Bad Doberan • sommerrodelbahn-dbr.de

7 Inselrodelbahn • Rugardweg 7, 18528 Bergen auf Rügen • inselrodelbahn-bergen.de

Kurios abgerutscht
Blitzschnell durch die Röhre

→ **Fünf verschiedene Rutschen bietet der Rutschturm in Rövershagen**

Wo viel Strand, ist auch viel Sand. Und wo viel Sand ist, sind auch Rutschen nicht weit. Siehe Rövershagen. Hier ist eine der prächtigsten Gelegenheiten zum Abrutschen zu finden. Damit ist kein Unheil gemeint, sondern ein glückliches Lächeln, das am Ende des im Wortsinne gemeinten Abenteuers im *Karlossos* steht. Das kunterbunte Architekturungetüm ruft zu gleich mehreren verrückten Rutschpartien mit Bauchkribbeln. Tipp: Langsam steigern! Für Premierengäste sollte die kleine Stahlrutsche am Fuß des Turms den Einstieg bilden. Wie gut, dass die Sausevorlage dank ihrer Breite Mama und Papa gleich mit dazu einlädt, mit dem Sprössling Hand in Hand ins Vergnügen zu stürzen. Wer meint, er hätte noch Luft nach oben, nimmt die hölzerne Treppe zum Gipfel. Oben genießt man erst einmal den Strandblick durch das Fernglas, um anschließend während eines Wimpernschlags in einer der Röhren wieder abwärts zu flitzen.

INSIDER-TIPP
Halb Mecklenburg überblicken

Ihr habt noch nicht genug? 23 m lang ist die Röhrenwendelrutsche auf dem alles überragenden *Rutschenturm Rügen*, die nur noch von einer Partie in der 52 m langen Tunnelrutsche vom *Baumwipfelpfad auf Usedom* getoppt wird. Auf einer Matte geht es auf dunklen Wegen und in Schlangenlinien bergab. Ein grandioser Spaß, der allerdings etwas Mut erfordert. Am Ende gibt's dann das versprochene glückliche Lächeln, garantiert!

8 **Rutschturm Karlossos • Purkshof 2, 18182 Rövershagen • karls.de**

9 **Rutschenturm Rügen • Rugardweg 7, 18528 Bergen auf Rügen • erlebniswelt-rugard.de**

10 **Baumwipfelpfad Usedom • Am Bahnhof 12, 17424 Ostseebad Heringsdorf • baumwipfelpfade.de/usedom**

Karls
1921
FRÜHSTÜCK
täglich 8-11 Uhr

Asphaltcowboys
Stadtrundfahrt mit dem Hot Rod

↓ **Tollkühne Frauen und Männer in rasenden Kisten – das ist Hot-Rod-Fahren**

Wichtig: Die Hupe nur in Ausnahmefällen betätigen. Auch wenn im *Hot Rod Fun* beim Vorbeidüsen am besten Freund bereits der Finger am Lenkrad zuckt! Was ihr vor dem Platznehmen im schnuckeligen Gefährt noch mit auf den Weg bekommt, sollte beherzt werden. Es ist schließlich ein öffentlich zugelassenes Fahrzeug, mit dem ihr über die Straßen fegt. Noch schnell erklärt, wie die etwas gewöhnungsbedürftige Schaltung funktioniert, dann kann es schon losgehen.

In kleinen Fahrzeugchen, die Seifenkisten zum Verwechseln ähnlich sehen, wird in Kolonne vom Hof gebraust. Behelmt und

mit jeder Menge frischem Wind um die Nase sowie einem ganzen Zylinder unter der Haube. Bei durchschnittlich 60 km/h ist das Miniland MV schnell erreicht, das dieses Mal nicht zu Fuß, sondern per Vierrad erkundet wird. Da wirkt das Güstrower Schloss, das hier im Maßstab 1:25 nachgebaut wurde, gar nicht mehr so mickrig.

Wer es lieber maritimer mag, bucht eine Tour an die Warnower Waterkant. Rechts des Flusses geht es in den Norden der Backsteinmetropole, nach der Wende im Warnowtunnel, der den einmaligen Sound der Viertakter perfekt widerspiegelt, geht es mit dem Strom an Backbord wieder zurück. Kürzer und knackiger sind da die Ausfahrten, die euch kreuz und quer durchs Herz der Hansestadt führen, durch kleine Gassen, kultige Szeneviertel und vorbei an Rostocks malzig-hopfig-duftender Brauerei. Natürlich darf auch bei dieser zweistündigen Stadtrundfahrt ein Abstecher ans Wasser nicht fehlen. »Weg frei, wir kommen!« Ein cooler Fahrspaß, nicht nur für Hobbyrennfahrer.

11 Hot Rod Fun • Molkenstr. 7, 18055 Hansestadt Rostock • hotrod-fun.com/rostock

Schnitzeljagd im Dünengras Geocaching an der Wasserlinie

→ **Koordinaten downloaden – und das Abenteuer kann beginnen**

Das hätte Störtebeker gefallen: Eine Schatzsuche am Ostseestrand. Statt mit einer vergilbten Landkarte, Lederpracht und Schwert ziehst du allerdings in Badehose und mit Hightech ins Schilf. Und der Schatz ist keine goldgefüllte Holzkiste, sondern eine banale Tupperdose, die im Glücksfall höchstens ein Stück Bernstein enthält.

Bevor du dich beim *Strand-Geocaching* auf die richtige Fährte begibst, musst du erstmal herausbekommen, wo sie überhaupt hinführen soll. Die Koordinaten für das Ziel gibt es entweder im Internet oder über eine Geocaching-App – nicht selten wird es vorab nötig sein, Aufgaben zu lösen. Willst du z. B. einen wassernahen Geocache am Darßer Weststrand aufspüren, gilt es eine Rätselfrage zu den in der Region typischen Windflüchtern zu lösen. Kein Problem, wenn du aus der Nähe kommst oder Stammurlauber auf Deutschlands schönster Halbinsel bist.

INSIDER-TIPP **Insta-Fotostopp**

Damit du nicht gleich der Kopf in den Sand steckst, solltest du anfangs ein einfaches Ziel wählen. Z. B. eine Insel weiter, mit dem Ostseebad Sellin auf der Insel Rügen. Mache dich an der *Seebrücke Sellin* auf zum oberen Ende der »Himmelsleiter« – Koordinaten: N54°, 22.980, E013°, 41.891. Was dich erwartet, ist nicht nur ein traumhafter Blick auf den Strand und das »instagrammable« Brückenhaus, sondern auch das Gold des Geocachers. Eine kleine Dose, die an diesem Ort bereits seit mehr als 20 Jahren für Glücksgefühle sorgt.

12 **Strand-Geocaching • Ausgangspunkt Darßer Weststrand: Parkplatz »Drei Eichen« • An der L21 zwischen Ahrenshoop und Born, 18375 Born auf dem Darß • geocaching.com**

13 **Seebrücke Sellin • 18586 Ostseebad Sellin • geocaching.com**

GEOCACHING

In den Seilen hängen

Nervenkitzel im Kletterwald

Zum Glück sind Meer und Strand trotz ihrer Nähe nicht durch das Dickicht zu erspähen. Der Blick, den man aus 10 m Höhe über den wunderschönen Küstenstreifen hätte, würde eh nur ablenken. Wobei: Vielleicht täte ein bisschen Ablenkung ganz gut, wenn du gerade in luftiger Höhe in den Seilen hängst oder dich in Himmelsakrobatik übst.

← In luftiger Höhe klettern, surfen, radfahren …

Unter den Begriff Akrobatik fallen im *Kletterwald Kühlungsborn* nicht etwa haarsträubende Spagate hoch über dem Boden, sondern beispielweise Fahrradtouren zwischen Baumwipfeln. Die zu überwindenden Distanzen sind zwar nur wenige Meter groß, angesichts der Dauer der Zitterpartie kann aber tatsächlich schon von einer Tour gesprochen werden. Nur die Mutigsten schaffen die Fahrt über den wackeligen Holzweg, ohne die Füße abzusetzen. Und nur die Mutigsten werden sich auf die Fahrt mit der längsten Seilbahn Norddeutschlands quer durch den Wald begeben und am Ende einen Base-Jump wagen.

INSIDER-TIPP
Endlos schweben

Da jedoch noch kein Meister vom Himmel gefallen ist, warten natürlich auch leichtere Parcours auf Tarzane und Janes – quasi zum Warmwerden. Baumsurfabenteuer in 6 m Höhe über dem Waldboden gehören zu den einfacheren Nervenkitzeln genauso wie Skateboardausflüge am Sicherungsseil. Wer sich die Erlebnisse zutraut, darf sich am Ende doppelt freuen. Einerseits ist es doch toll, den eigenen Schweinehund überwunden zu haben, anderseits tragen die Wackeleien zur Verbesserung von Geschicklichkeit und Koordinationsfähigkeit bei. Also, auf was wartest du noch?

14 Kletterwald Kühlungsborn • Ostseeallee 25/26, 18225 Ostseebad Kühlungsborn • kletterwald-kuehlungsborn.de

Ein Tag, ein Rad, eine Insel Pedalritt über Hiddensee

→ Rundumsicht vom Leuchtturm

→ Klar, im Nationalpark bleibt man auf den Wegen!

Helgoland, Hooge, Hiddensee – es gibt nur wenige Eilande, die echtes Inselfeeling aufkommen lassen. Woran man merkt, dass ringsherum wirklich nichts als Wasser ist? Genau, wenn jede Straße, egal wie man es dreht oder wendet, irgendwann im Nass endet. Bestes Beispiel ist das »Söte Länneken«, Rügens kleine Schwester, auf der ihr ohne Schweißperlen auf der Stirn an einem Tag eine *Radtour um die Insel* schafft.

Ein schönes Sattelfahrzeug auf Zeit zu finden ist nicht schwer. Fahrräder sind das Hauptverkehrsmittel auf Hiddensee, Autos verboten. Entsprechend wartet an jeder Ecke ein Fahrradverleih, der alle Räderarten vor der Tür stehen hat. Egal wofür ihr euch entscheidet, viele Gänge braucht es nicht. Das findet sich schnell bestätigt, wenn es vom Hafen in Kloster zunächst nach Norden ins kleine schmucke Dörfchen Grieben geht. Hier gibt's die letzte Stärkungsmöglichkeit, bevor ein halbrunder Kurs um den Enddorn der Insel zum Wahrzeichen Hiddensees, dem Leuchtturm Dornbusch, angepeilt wird. Ein Aufstieg versteht sich von selbst und lohnt sich nicht nur wegen des guten Überblicks über die weitere Route.

INSIDER-TIPP
Insel aus der Vogelperspektive

Durch einen kleinen Wald wird der Strand erreicht, der Pedalritter nun bis zur Südspitze begleitet. Auch hier steht wieder ein blinkender Wegweiser für Schiffe, diesmal allerdings im Miniaturformat. Vom Leuchtturm Gellen führt die Radstraße durch die mit Rohrdachhäusern bestickte Dünenlandschaft zum Seglerhafen Neuendorf. Der Tante-Emma-Laden mit Open-Air-Grill empfiehlt sich für eine letzte Rast, bevor eine halbe Stunde später am Hafen von Kloster die Fähre zum Festland tutend eintrifft. Der Fahrradcomputer zeigt indes »23 Kilometer« an.

15 Radtour um die Insel • Start in Neuenhagen, Vitte oder Kloster auf Hiddensee • Fahrradverleiher unter seebad-hiddensee.de/fahrradverleih

WILLKOMMEN
Nationalpark
Vorpommersche
Boddenlandschaft

H
99 2323-6

Unter Volldampf
Lokführer für einen Tag

← »Molli« erfüllt einen Kindheitstraum

Es war eigentlich nur ein Missverständnis. »Molli« rief die alte Dame ihrem am Bahnsteig zurückgebliebenen Mops hinterher, als sich der Dampfzug schnaufend in Bewegung setzte. »Molli«. Es quietschte ohrenbetäubend, dann stand er wieder. Der Lokführer hatte doch tatsächlich geglaubt, er sei gemeint. Ob die Legende um die Namensgebung des Zuges tatsächlich stimmt, ist ungewiss. Gewiss ist, dass die *Mecklenburgische Bäderbahn Molli*, eine historische Schmalspurbahn, Hobbylokführern Kindheitsträume erfüllt.

Tausche den samtgepolsterten Sitzplatz im Salonwagen gegen Handschuhe und Schaufel auf dem Führerstand. Wenn du dich vorab telefonisch bei Mollis Kollegen angemeldet hast, kannst du die faszinierende Technik aus nächster Nähe beäugen und mit den stämmigen Bahnoldies über Signale, Schienenbreiten und Bremskraft fachsimpeln. Nach dem Pfiff des Schaffners geht es los. Nochmal überprüft, ob der Druck im Kessel stimmt, dann wird die Bremse gelöst und der tonnenschwere Tross rollt los. Bimmelnd und tutend geht es durch die engen Gassen der altehrwürdigen Heil- und Moorstadt Bad Doberan und das von Feldern geprägte Hinterland in Richtung der Ostseebäder Kühlungsborn und Heiligendamm. Vierzig Minuten schwebst du auf Wolke sieben.

Länger dauert das Lokführererlebnis nur im *Rasenden Roland* auf Rügen. In etwas mehr als einer Stunde erlebt man dort die »Weiße Stadt« Putbus und die malerischen Seebäder im Südosten von Deutschlands größter Insel aus einer einmaligen Perspektive – wenn der Ruß auf der Fensterscheibe es denn zulässt.

16 **Mecklenburgische Bäderbahn Molli (Start: Bahnhof Bad Doberan) • molli-bahn.de**

17 **Rasender Roland (Start: Bahnhof Putbus) • ruegensche-baederbahn.de**

Blauer See statt weiße Pracht Mit Skiern übers Wasser

→ **Wasserski- und Wakeboardfahren auf dem Wasser, an Land Beachvolleyball und Minigolf – in KÖRKS Strandarena fliegt die Zeit**

Mit Glück klappt er beim ersten Mal, der trockene Sprung von der Startrampe auf die nasse »Streif«. Wenn nicht, gibt es immer noch Intensivkurse, in denen Landratten binnen weniger Stunden das kleine Einmaleins der Wasserskikunst lernen.

Der Norden Mecklenburg-Vorpommerns ist mit seinen zahlreichen Seen wie gemacht für Abenteuer an der Leine. Eine dieser blauen Oasen ist der Ribnitzer Bernsteinsee, an dem *Körks Strandarena* Wellen schlägt. Auch wenn der Name des Sees den Einen oder Anderen schon mal zum Schatztauchen motiviert hat, findest du dein Glück hier wohl eher auf der Wasseroberfläche.

Einen noch recht taufrischen Spot gibt es in Rostocks Norden. Der weiße Sandstrand des IGA-Parks im Rücken, ein Museumsschiff an Backbord und jede Menge Hafenkräne voraus bilden die perfekte Kulisse für Schneesport auf dem Wasser. Mit einem Wort: *Supieria*. Zur Heimstatt einer hippen Trendsportart gehört natürlich auch eine Beach-Bar, vor der zum Sonnenuntergang auch schon mal die Yoga-Matten ausgerollt werden.

INSIDER-TIPP
Ein Erlebnis auch für Zuschauer

Nicht weniger sportlich und chillig geht es im *Cable Park* auf Rügen zu. Während deine Fans sich auf einem Wasserponton bei Mate-Tee und Co. bei Laune halten oder die Sonne am kleinen Sandstrand genießen, surrst du entlang eines Fünf-Mast-Parcours über den naturleuchtenden Kiesgrubensee. Profis freuen sich auf Hindernisse wie Kicker, Inclin-Rails und Ollie-Tonnen.

18 **Körks Strandarena • Am Bernsteinsee 1, 18311 Ribnitz-Damgarten • koerks.de**

19 **Supieria Wake und Wasserpark • Schmarl Dorf 40, 18106 Rostock • supieria.de**

20 **Cable Park • Am Kapellenberg 1, 18528 Zirkow • wasserskiruegen.de**

Schuppige Freu(n)de

Fische streicheln im Erlebnisaquarium

Hier ist Fiete der Herr der Fische. Zumindest laut der Geschichte, die das *Erlebnisaquarium Schuppen-Schuppen* in dem doppelstöckigen rustikalen Häuschen erzählt. Während es oben jede Menge Souvenirs, Süßes und Schönes rund ums Maritime gibt, könnt ihr im Untergeschoss der Holzbude lebende Schätze antreffen – und ihnen auf ganz besondere Weise näherkommen.

← Durch eine riesige Panoramascheibe blickst du auf die heimischen Fische

Zwischen meterhohen und zentimeterdicken Glasscheiben, die Blicke auf hunderte Heringe, Seehasen und Co. zulassen, wartet nämlich ein Streichelbecken auf Besucher. Darin hat, so erzählt es die Geschichte, Fiete seine Lieblingsfische heimisch werden lassen: Karpfen. Natürlich lässt der Grätenliebhaber auch mal seine Gäste ran. Den Karpfen ist es schließlich egal, von wem sie gefüttert oder gestreichelt werden. Hauptsache sie werden es, denn die zahmen Räuber lieben ganz offentsichtlich sanfte Tätscheleien.

Ganz nebenbei erfahrt ihr im Erlebnisaquarium allerlei Wissenswertes über das Unterwasserleben in Mecklenburgs und Vorpommerns Binnengewässern sowie natürlich über die Ostseefauna. Wusstet ihr z. B., dass die allseits bekannten Meerforellen bei uns in vielen Gebieten bereits ausgestorben sind? Wenn nicht, lasst es euch von Fietes Flimmerkisten näherbringen. Bei kurzen Filmchen und auf Informationstafeln erfahrt ihr übrigens auch alles über das hauseigene Aufzuchtprogramm. Regelmäßig werden im Schuppen-Schuppen Meerforellen geboren und aufgezogen, um die Jungfische nach erfolgreichem Start ins Leben ganz in der Nähe in einem kleinen Fluss in die Freiheit zu entlassen.

INSIDER-TIPP
Kinosession inklusive

21 Erlebnisaquarium Schuppen-Schuppen • Purkshof 2, 18182 Rövershagen • karls.de

Keine Handbreit Wasser unterm Kiel
Zeesensegelei

→ **Nostalgieerlebnis auf dem Wasser**

»Acht Tonnen Eiche unterm Hintern ist was anderes als eine Jolle.« Ruhig und doch ein wenig angespannt blickt Martin Rurik auf sein gutes altes *Zeesboot »Martha«*, als ein eigens für diesen Akt gemieteter Kran die schwimmende Nussschale über die Kaikante des beschaulichen Neuendorfer Boddenhafens hebt. Das Ziel: ein paar lose Holzbalken, auf denen der maritime Oldtimer aufgepallt und fit für den Sommer gemacht werden soll.

»Martha« ist eines von drei Zeesbooten, die der Seebär sein Eigen nennt und die mit rund 90 anderen auf den Boddengewässern zwischen Ribnitz-Damgarten, Prerow und Barth unterwegs sind. Die Boote haben einen geringen Tiefgang, vor gut hundert Jahren wurden sie für Transporte und Fischfang auf den flachen Lagunengewässern der Region eingesetzt. Heute schippern die mit braunen Segeln betakelten Schönheiten Besucher über die Bodden. Wie eben Ruriks »Martha«. Jedes Jahr zwischen Mai und September sammelt er Neugierige am Hafen von Wieck auf dem Darß ein und bricht auf zu knapp zweistündigen Abenteuern. »Den Kurs bestimmt der Wind.« Es ist ein Stück Tradition, das hautnah erlebt werden kann. Eine Tradition, die mit der Ostseeküste Mecklenburg-Vorpommerns so eng verbunden ist, dass sie von der UNESCO unter Schutz gestellt wurde. Das freut sicher auch Rika Harder, die eines der wenigen Zeesboote östlich des Darßer Boddens besitzt und regelmäßig auf ihrer 1929 gebauten *Romantik* die Kapitänsmütze schwingt. Los geht's vom beschaulichen Naturhafen Krummin auf der Insel Usedom. Schiff ahoi!

22 **Zeesboot Martha • Hafen, 18375 Wieck a. d. Darß • zeesbootfahrten.de • 1. Mai und 30. September täglich 12/14/16/18 Uhr (bitte vorher anmelden)**

23 **Zeesboot Romantik • Hafen, 17440 Krummin • zeesenboot.de • Mai bis Oktober, nach Absprache**

Gestresst? Dann tief durchatmen, Ommm, die entspanntesten Auszeiten liegen gleich hier um die Ecke. Auf einer verbotenen Insel, im eigenen Storchennest, an Rügens einsamstem Strand. Hier findest du ganz schnell wieder zur eigenen Mitte.

Die ruhigen Ecken

Entspannen von minimalistisch bis luxuriös

Riesenvögel im Blick
Kaffeetrinken mit Kranichen

→ Typisch Kranich: der lange Hals und die schwarz-weiße Kopf- und Halszeichnung

Die Ostseeküste ist Kranichland. Tausende der Riesenvögel erbitten jedes Jahr in Frühjahr und Herbst, vereinzelt sogar ganzjährig, zwischen Fischland-Darß-Zingst und Rügens Schwestereiland Ummanz um Landeerlaubnis. Ein fantastisches Schauspiel, das umso eindrucksvoller wird, je näher man an ihm teilhaben kann. Gut, dass sich einige Naturschützer mit Unterstützung des wohl größten deutschen Kranich-Fans, der Lufthansa, dafür eingesetzt haben, dass dieses Naturspektakel hautnah erlebt werden kann. Ausguckhäuschen finden sich an gleich mehreren beliebten Pausenplätzen der majestätischen Zugvögel. Wanderstiefel an, Thermoskanne gefüllt, Decke eingepackt und das seelenentspannende Abenteuer kann beginnen.

Z. B. am *Kranichbeobachtungspunkt Tankow* auf der Insel Ummanz, wo sich die Ruhe vor dem Sturm prima zelebrieren lässt. Entsprechend der Tageszeit gelingt das am besten bei einer Tasse Kaffee – während der Blick über weite Moorwiesen schweift und erste Trompetenklänge die gefiederte Delegation ankündigen. Der oftmals wohl formierte Einflug ins Nachtlager wird euch in den Bann ziehen – genauso wie ein Besuch des futuristischen *Kranorama* am Günzer See. Von der extravaganten Beobachtungsstation kann nicht nur eine Flugschau der Kraniche bestaunt werden, sondern auch, mit welcher Akribie sie ihre Energiereserven auffüllen. Dafür muss man sich die Kaffeepause unter Umständen mit einer Schar weiterer Hobbyornithologen teilen. Ein Eintrittspreis, der es wert sein sollte!

1 **Kranichbeobachtungspunkt Tankow • nahe Straße »Böschow«, 18569 Tankow/Ummanz**

2 **Kranorama • nähe Landstr. 213 in Höhe Günzer See, 18445 Altenpleen • kraniche.de/de/kranorama.html • nur in Frühjahr und Herbst geöffnet**

So richtig aufblühen
Blumenbaden im Rhododendronpark

Wo vor hundert Jahren Bagger Sand zutage förderten, kann man heute abschalten. Nicht auf der Strandliege unterm Sonnenschirm, sondern auf idyllisch platzierten Gartenbänken unter bunten Blütendächern von mitunter 6 m hohen Rhododendren.

Gepflanzt hat die im Frühsommer zu Hochform auflaufenden Geschöpfe der Rostocker Gartenarchitekt Friedrich-Karl Evert Mitte des letzten Jahrhunderts. Die einstige Sandkuhle war zuvor nach einer Sturmflut unbrauchbar geworden und immer mehr zu einer Müllhalde verkommen. Wahrscheinlich war Evert nicht persönlich am Spaten. Bei rund 2500 Stauden wäre er ziemlich lange beschäftigt gewesen. Die Zeit hat er wohl eher damit verbracht zu recherchieren, in welchem Teil der Erde welche Rhododen-

↓ **Im Mai und Juni ist die Blütenpracht am schönsten**

drenhybride wachsen. 60 verschiedene konnte er ausfindig machen. Sie sind heute die Hauptzutat für das Bad in der Blumenmenge.

Ob es gleich die erste Bank sein soll, auf der man sich im *Rhododendronpark* dem betörenden Duft hingebt, entscheidet jeder selbst. In jedem Fall ist es keine schlechte Idee, den wildschönen Wuchs erst einmal ein paar Minuten auf sich wirken zu lassen. Hangelt euch von Bank zu Bank und entdeckt die Details des Naturparks. Z. B. die seltsamen Baumstümpfe, die in Kunstwerke verwandelt wurden. Oder den ersten originalen Rhododendron »made in Graal-Müritz«. Aber bitte: nichts abpflücken und ausbuddeln. Sonst ergeht es dem ganzen Park bald so wie seiner »Königinnenwiese«. Die hier so herrlich anzuschauenden lilafarbenen Pflänzchen sind der Rest einer ganzen Reihe von Ostseeschönheiten, die vor einiger Zeit von Grünfanatikern klammheimlich aus dem Park entführt wurden.

3 **Rhododendronpark • Parkstr., 18181 Ostseeheilbad Graal-Müritz • graal-mueritz.de/rhododendron park • empfehlenwert von April bis Juli**

Fassnacht mal anders Übernachten unter rundem Holz

→ Sich am Hafen von Gager im Strandwagen in die Koje rollen …

→ … oder im lichten Wald im Fass – du hast die Wahl

Nein, das ist keine Sauna. Die überdimensionalen Weinfässer des *Campingplatzes Pommernland* in Zinnowitz sind kleine mobile Behausungen für ein paar Übernachtungen an der Küste. Ausgestattet mit Betten, ausziehbarem Tisch und überraschenderweise auch einer Heizung nächtigt man hier unter dem runden paneelten Dach der Schlaffässer, eingenebelt vom wunderbaren Holzgeruch und mit Küstenwaldblick durch rotkarierte Gardinen, die am einzigen Fenster der Hütten angebracht sind. Das war's dann aber auch schon an Luxus – fließendes Wasser gibt es einige Meter außerhalb, ebenso führt der Gang zur Toilette durch Mutter Natur. Ein echtes Erlebnis, das ihr garantiert weniger schnell vergessen werdet als einen Aufenthalt im Bahnhofshotel.

INSIDER-TIPP
Badewanne vor der Haustür

Das gilt auch für eine Nacht im *Strandwagen* am malerischen Hafen von Gager auf der Insel Rügen. Ob gelb-blau oder rot-weiß – beide radbeseelten Holzstuben sind eine Erfahrung wert. Insbesondere, wenn ihr Fans der Ostsee seid, die nämlich nur 5 m weiter an die Steinmole brandet. Tag und Nacht. Da braucht es keinen Freizeitpark in der Nähe, euer Urlaubsprogramm findet im Umkreis von wenigen Metern statt. Frühstück mit Meerblick, mittags Möwen füttern, Kaffeetrinken mit neuen Freunden auf der Segelyacht nebenan und abends bei einem Glas Wein den Sonnenuntergang über der Insel Vilm von der wageneigenen Veranda erleben. Wer braucht schon mehr?

4 **Campingplatz Pommernland • Dr.-Wachsmann-Str. 40, 17454 Zinnowitz • camping-zinnowitz.de**

5 **Strandwagen F-1045 am Hafen Gager • Zum Höft 28e, 18586 Gager auf Rügen • marina-gager.com/wohnen-auf-dem-wasser**

Unheimlich wenig los

Mit dem Schiff zur verbotenen Insel

»Die Russen hatten da drüben 50 Panzer.« Wumms! Da kann man schon mal etwas überrumpelt sein, wenn durch die Bordlautsprecher der MS »Salzhaff« vom *Fahrgastschifffahrt Steußloff* die ersten Infos zur Halbinsel Wustrow tönen. Aber wenigstens ist sofort jedem klar, was Sache ist. Oder besser: was Sache war, denn die Halbinsel Wustrow hat eine überaus geheimnisvolle Geschichte.

Kaum einer kennt das halbe Eiland besser als der Biologe, Polarforscher und Buchautor Klaus Feiler. Er ist es, der euch bei dieser besonderen Ausflugsfahrt an Bord begleitet und dessen Worte aufhorchen lassen. Nicht nur wegen seiner amüsanten Moderation, sondern auch, weil zunehmend klar wird, welch exklusive Einblicke in diese sagenumwobene Gegend gewährt werden. Z. B., dass Helmut Schmidt während des Zweiten Weltkriegs für kurze Zeit als Ausbilder auf der Halbinsel stationiert war oder dass die russische Armee den Wustrower Flugplatz einst mit Flugzeugattrappen bestückte, damit weniger Wohlgesonnene gar nicht erst auf die Idee kämen, sich mit ihnen anzulegen.

INSIDER-TIPP
Schnack mit'm Autor

Während der zweistündigen Kahntour, die stets in gut 200 m Entfernung von der Halbinsel verläuft, zeigt Feiler hin und wieder auch auf markante Punkte an der Uferlinie. »An dieser Hütte am Wasser stand immer ein russischer Wachoffizier, der die Leute festgenommen hat.« Gut zu wissen! Noch wichtiger ist allerdings die Info, dass die unzähligen Behausungen auf Wustrow heute nicht mehr von schwerbewaffnetem Personal vor neugierigen Blicken geschützt werden – noch nicht mal von unbewaffnetem. Wustrow ist inzwischen nämlich menschenleer, der Zutritt ohne Erlaubnis sogar streng verboten. Und doch steht alles noch an seinem Platz. Unheimlich, oder?

← Autor und Forscher Klaus Feiler sorgt für Orientierung

← Ziemlich spooky – fensterlose Bauten

6 Fahrgastschifffahrt Steußloff • Haffanleger, 18239 Rerik • ms-ostseebad-rerik.de

So richtig tief durchatmen Auf Frischekur im Heilwald

→ **In welche Fußstapfen passt du rein?**

→ **Der Mix von Wald- und Seeluft – ideal zum Durchatmen**

INSIDER-TIPP
Waldbaden für Kinder

Einen ganz besonderen Natur-Boost zur Erfrischung von Geist und Körper kannst du in Meck-Pomms Kur- und Heilwäldern erhalten. Ganz nach dem japanischen Trend »Shinrin Yoku«, dem »Baden in der Waldluft«, der im Land der aufgehenden Sonne schon lange die Menschen mobilisiert.

Die klare Nummer eins ist auf der Insel Usedom zu finden. Der 187 ha große Heringsdorfer Küstenwald wurde 2016 zu Europas erstem Heilwald gekürt und zum *Heringsdorfer Kur- und Heilwald* umbenannt. Nachdem es mit dem *Kurwald Graal-Müritz* einen ersten Nachahmer gab, legte Heringsdorf noch einen drauf: mit dem Ersten Kinderheilwald Europas. Frische Luft und Bewegung – ein Rezept, das sich nicht nur bei der Goldie-Generation als gesundheitsfördernd bewährt hat und jetzt auch bei Basteleien an steinernen Tischen, unterm Klangbaum oder bei Wurfspielen eingelöst werden kann.

Also, lege das Handy weg, ordne die Gedanken und lass dich von Wind und Blättergesäusel dahintreiben. Wer eine Anleitung zum Entspannen braucht, hält einfach die Augen auf. Mehrere Stationen laden zur meditativen Erholung ein – und zu einem bunten Potpourri von Bewegungsmotivationen. Egal, ob du dich eher zu den Calm-down-Typen oder den Fitnessjunkies zählst, der Naturbesuch wird guttun. Sollte die Sonneninsel gerade nicht auf deinem Weg liegen, lege den Kurs auf Norden und nimm einen tiefen Atemzug im Kurwald von Graal-Müritz.

7 **Heringsdorfer Kur- und Heilwald • Gothener Landweg 1, 17424 Ostseebad Heringsdorf • heilwald-heringsdorf.de**

8 **Kurwald Graal-Müritz • Lindenweg, 18181 Ostseeheilbad Graal-Müritz • graal-mueritz.de/kurwald**

KUR- UND HEILWALD
Aufgabe
TIEF DURCHATMEN

Gute Nacht mit Gezwitscher Übernachten im Storchennest

Deutschland liegt neben Südamerika. Das beweist der *Vogelpark Marlow*, wo der Klapperstorch beim Sonntagsflug schon mal an bunten Papageien vorbeisegelt. Ein tolles Schauspiel, insbesondere wenn es aus einer Logenperspektive betrachtet wird.

Das exklusive Naturerlebnis mit Safari-Feeling genießt man nach einem Aufstieg ins Storchennest – nicht nur unter der brütenden Sonne des Tages. 50 m^2 ist die etwas andere Ferienwohnung groß, rudimentär und ohne eigene Dusche oder Toilette ausgestattet, dafür mit einer einmaligen Panoramaterrasse. Der heimliche Blick auf die Störche entschädigt vollends für die naturgemachten Einschränkungen, die verwöhnte Genießer von Luxushotels in der hölzernen Herberge in Kauf nehmen müssen. Noch näher an der heimischen, vor allem aber der exotischen Tierwelt entfernter Nachbarkontinente nächtigst du in der »Masoalalodge«, die sich über vier (!) Etagen im begehbaren Gehege frecher Madagaskaräffchen erstreckt. Aber Vorsicht: Lass dir nicht die Banane aus dem Müsli klauen, während sich dein auf dem Balkon über der afrikanischen Pampa am malerischen Sonnenaufgang festkrallt. Den Reisewecker zu Hause lassen – das kann man in »Dodos Turmstübchen«. Die piepsenden Keas, welche gleich neben dem gemütlichen Doppelbett hausen und durch eine Glaswand bestaunt werden können, sagen dir schon, wenn es Zeit zum Aufstehen ist. Näher in Kontakt mit Pelikan, Pinguin und Präriehund trittst du nur bei einer gemeinsamen Abend- oder Morgenwanderung mit den Park-Rangern. Spätestens wenn die hungrigen Mäuler und Schnäbel das Futter in den Händen rascheln hören, gibt es für beide Seiten kein Halten mehr.

← Gemütlich: das Rundbett im Baumbett

← Luftig: die Terrasse des Storchennests

INSIDER-TIPP
Nachts durch'n Zoo

9 Vogelpark Marlow • Kölzower Chaussee 1, 18337 Marlow • vogelpark-marlow.de • jährlich Mai bis September

Oase für Insider
Rügens einsamster Badestrand

→ **Ideal für die Kurzzeit-Robinsonade**

Ein paar Palmen wären noch schön – nur wegen der Erwartungshaltung, die der Name befördert. Aber man kann nicht alles haben. Das, was der Strand *Palmer Ort* zu bieten hat, reicht mehr als aus, um seinen Strandtraum auf Rügen ausleben zu können. Nicht nur, wenn Kind und Kegel die Schulbank drücken, vor allem zur Hochzeit der Strand- und Feriensaison schlägt die Stunde dieses wunderschönen Fleckchens.

Die Chancen, den Strand am südlichsten Punkt von Deutschlands größtem Eiland beim ersten Mal direkt zu erreichen, stehen bei 50 zu 50. Es ist schon ein wenig geografisches Grundgefühl gefragt, wenn es auf Betonplattenwegen quer über die beschauliche Halbinsel Zudar geht. Die meisten Navigationssysteme werden hier streiken. Orientiert euch ab dem Dörfchen Maltzien am besten immer nach rechts, bis ihr den kleinen naturbelassenen Küstenwaldparkplatz erreicht. Geparkt wird natürlich kostenlos – wer sollte hier schon Tickets kontrollieren kommen? Mit Strandhandtuch, Sonnenschirm und Badesachen bepackt geht es auf einem der leicht plattgetretenen Waldwege in wenigen Minuten zum Ziel. Ein kilometerlanger schmaler, natürlicher und einsamer Badestrand, eingefriedet durch schattenspendende Kiefern, angeschmiegt an den Greifswalder Bodden: Hier warten kein Strandkorb und kein Sonnenbrillenverkäufer, dafür jede Menge Gelegenheiten zum Sonnen. Und zum Baden, schließlich ist das Küstengewässer rund um Palmer Ort stets zwei bis drei Grad wärmer als die Badewannen vor beliebten Urlaubsorten wie Binz, Baabe oder Sellin.

10 **Palmer Ort • 18574 Garz/Rügen (Insel Zudar) • Parkplatz-Koordinaten: 52.516181,13.376935**

Das Gleichgewicht finden Yoga auf dem Paddelbrett

↓ Verlegt euren Flow einfach aufs Wasser – z. B. im Supieria Wake- und Wasserpark

Man muss ja nicht jeden Trend mitmachen. Aber manchmal ist die Verlockung einfach zu groß, um ihn unbeachtet zu lassen. Es gibt sicher viele, die jahrelang erstmal skeptisch auf die unbeholfenen Brettakrobaten auf dem heimischen Gewässer geschaut haben, ehe sie sich selbst mal auf ein Stand-up-Paddling-Board getraut haben. Aber es hat schon was, still und stehend übers Wasser zu balancieren und in den Sonnenuntergang zu gleiten. Wer jetzt denkt: Kitschiger geht's nicht mehr, der hat noch keine Yogastunde auf solchen Luftbrettern erlebt.

Entlang von Rostocks Hausgewässer, der Warnow, gibt es mit dem *Supieria Wake- und Wasserpark* und mit *Yogabati* gleich zwei Anbieter dieses einmaligen Erlebnisses. Ein neuer Trend im neuen Trend sozusagen, wobei sich hinterfragen lässt, ob der

Trend tatsächlich so neu ist. Bereits Anfang der 2000er-Jahre haben erste Yogalehrer aus den USA ihre Einkehrstunden aufs Wasser verlagert. Und bereits damals konnten Teilnehmer der Kurse bestimmt schon feststellen, dass Yoga auf dem SUP-Board gar nicht so simpel ist, wie es klingt. Es ist eine ganz schön wackelige Angelegenheit, weshalb es zunächst eher einfache Übungen zu meistern gilt – »Asanas«, wie der Yogi sagt. Haltet inne, achtet auf Atmung und Haltung. Das ist doppelt so wichtig wie an Land, trainiert dafür aber auch doppelt so gut die Tiefenmuskulatur und die Körpermitte. Das Schaukeln der Wellen trägt dazu bei, das innere Gleichgewicht zu finden und mal richtig abzuschalten. Wer es bis hierhin geschafft hat, nicht ins Wasser zu fallen, kann dies nun nachholen. Was gibt es Erfrischenderes als ein kühles Bad nach einer anstrengenden Yogasession?

11 **Supieria Wake- und Wasserpark • Schmarl Dorf 40, 18106 Rostock • supieria.de**

12 **Yogabati • Loggerweg 18, 18055 Rostock • yogabati.de**

Günthers kleines Paradies Wanderung im Stadtbruch

→ Günther Hoffmann bringt Besuchern die Schönheit seiner Wahlheimat näher

Weißer Spitzbart, grüne Tarnjacke und ein Teleskop geschultert: Günther Hoffmann ist startbereit. Vom Treffpunkt an der einzigen Gaststätte des 180-Einwohner-Örtchens Bugewitz am Stettiner Haff wird losgestampft – in eines der wenigen noch echten Wildnisgebiete Deutschlands.

Der *Anklamer Stadtbruch* ist erst vor etwas mehr als zwei Jahrzehnten entstanden, nachdem eine Sturmflut und mehrere Deichbrüche dem früheren Torfabbaugebiet seine Lizenz entzogen hatten und an gleicher Stelle eine wilde Landschaft mit einem baumfreien Hochmoor und feuchten Bruchwäldern entstand. »Das war alles andere als ein Unglück«, so die klare Meinung des aus dem Alpenland zugezogenen Experten, der sein Wissen keinem Studienabschluss verdankt, sondern als Autodidakt durchs Leben wandert. Wobei, nicht ganz – als Absolvent eines Naturführer-Kurses kann er euch heute bei mehrstündigen Führungen nicht nur eindrücklich, sondern fast schon wissenschaftlich die großmoorige Sumpflandschaft und seine bewegende Geschichte näherbringen.

Die beste Übersicht über die faszinierende Gegend erhaltet ihr beim Stopp auf einem unweit des Dorfes Rosenhagen errichteten Aussichtsturm. Hier könnt ihr einen Blick durch Günthers Fernglas werfen und neben Infos zu Rotschenkeln, Seeadlern und Stelzenläufern, erfahren, welcher Vogel mit Spitznamen gerne auch mal »Heidi Klum im Moor« genannt wird. Der Anklamer Stadtbruch ist ein wahres Wildnisabenteuer vor der Haustür, das übrigens auch mit dem Solarboot erlebt werden kann.

INSIDER-TIPP
Solarboot statt Wanderstiefel

13 Wanderung im Anklamer Stadtbruch • Dorfstr., 17398 Bugewitz • Tel. 0170 813 63 39

Carl Zeiss

Schwimmender Schwitzkasten
Maritim saunieren

Hat schon was, so ein Saunagang mit freiem Blick aufs weite Meer! Um maritim ins Schwitzen zu kommen, müsst ihr nicht extra eine Kreuzfahrt buchen. Zumindest nicht an der Rostocker Waterkant. Im Stadthafen liegt ein Saunabötchen vertäut am Steg, das sich ganz und gar auf wohlige Momente im Wellentakt spezialisiert hat.

← Verbindet Feuer mit Wasser, Eis …

← … und dem Panorama der Hansestadt: die Flusssauna Rostock

Wer sich nun denkt »Ich habe doch gar kein Schifferpatent«, der muss seine Ausflugsplanung nicht über Bord werfen. Einen Bootsführerschein benötigt ihr nämlich ebenso wenig wie Kenntnisse im Saunieren. Die hatten die Erfinder der *Flusssauna Rostock* auch nicht, Gleiches gilt für Kenntnisse im Hausbootbau. Dennoch sind sie nun stolze Besitzer einer maßgeschneiderten Flammenhöhle auf der Warnow. Zwischen schwankenden Yachten und manchmal auch schunkelnden Hobbyseebären – dort, wo der klirrekalte After-Sauna-Trip ins Warnower Tauchbecken mit einem Panoramablick auf die Hansestadt belohnt wird. Dick eingemummelt im Bademantel geht es anschließend auf die kleine Bordterrasse, auf der es sich dank bereitgestelltem Obstteller und Getränken wunderbar ausruhen lässt. Wie schön wäre es jetzt, einfach die Augen zu schließen und in die Nacht zu dämmern. Dafür müsstet ihr allerdings einige Kilometer weiter westlich ankern. In den *Schwimmenden Suiten* des Naturhafens Krummin kann man nicht nur saunieren wie ein Seemann, sondern auch poofen wie ein Kapitän. Denn man tau!

INSIDER-TIPP
Eisbaden mal anders

14 **Flusssauna Rostock • Marina Oceans End, Steg A, 18055 Hansestadt Rostock • flusssauna-rostock.de**

15 **Schwimmende Suiten im Naturhafen Krummin • Dorfstr. 24, 17440 Krummin • naturhafen.de**

Kreideküste auf der Haut Wellnessen auf Rüganisch

→ **Samtig-weich wird die Heilkreide aufgetragen**

Wenn die heimische Gurkenmaske wieder mal nicht die erwünschte Wirkung erzielt: ab nach Rügen! Hier wartet auf dich ein ganz besonderes Heilmittel, das einen Kurzurlaub für Geist und Seele, vor allem aber für deine Haut verspricht.

Wo genau? Im *Parkhotel Rügen*, das sich die rund 20 Autominuten entfernte puderweiße Kreideküste in die hauseigene *Wellness-Oase Aléa* geholt hat. Statt einem Weitblick über die Ostsee gibt es in dem kleinen, aber feinen Gesundheitsstudio eine wunderbare Einkehr und maritimen Genuss fürs Innere. Bevor die leicht kleistrige, auf Körpertemperatur angewärmte Masse auf deinem Leib wirken kann, gibt's mit einer klassischen Massage noch das passende Vorspiel. Damit auch die letzten deplatzierten Gedanken ihren Weg nach draußen finden.

Weiß bemalt schließt du die Augen. Jetzt gilt es, einfach nur zu entspannen und die Kreide ihre Kraft entfalten lassen. So sollen Packungen mit Rügener Heilkreide deine Gesundheit unterstützen – durch eine Anregung des Stoffwechsels, die Abschwächung von Entzündungen, die Stärkung des Immunsystems und, und, und. Es ist fast nicht zu glauben, was dieses jahrtausendealte Nebenprodukt der Inselnatur alles können soll, und das so ganz ohne Nebenwirkungen. Wer all das sagt? Ein bunter Strauß an Studien. Aber auch die Rüganer selbst, die seit mehr als hundert Jahren im Kreidemeer baden. Und die müssen es ja wissen.

16 **Wellness-Oase Aléa im Parkhotel Rügen • Stralsunder Chaussee 1, 18528 Bergen auf Rügen • parkhotel-ruegen.de**

Antonia vom Kamp

Unter Strom aufm Strom Mit der Solarfähre nach Usedom

Nur vier Monate hat es gebraucht, um den tonnenschweren Stahlkoloss auf Kiel zu legen. Und das trotz der hochmodernen Technik, die darin verbaut ist. Schaut her, Werften der Welt – so geht's!

Lass doch mal die Bundesstraße beiseite und steuere die Sonneninsel Usedom per Rad an. Die Fahrt durch das wildschöne Stettiner Haff mit seinen weiten Weideflächen und niedlichen Dörfern ist nicht nur unheimlich entschleunigend, sondern auch mit einem ganz besonderen Höhepunkt gespickt. Um nämlich den letzten Satz aufs Eiland zu schaffen, geht es mit dem Zweirad auf Meck-Pomms erste *Elektro-Solar-Fähre*. Sage und schreibe nur ein Besatzungsmitglied ist für den reibungslosen Betrieb verantwortlich, dank klackender Magnete, die das An- und Ablegemanöver leinenfrei machen. »So soll das eigentlich auch sein« – meint der Kapitän, getreu dem Leitspruch: »Leinen? Wir sind ja nicht beim Bergsteigen!«

Während deine Augen trotz des Wissens um die neue Technik noch vergeblich auf das fliegende Tau warten, entfernt sich die aus Ostseestahl gebaute »Antonia« langsam und flüsterleise vom Ponton des beschaulichen Hafens in Kamp, wo die Welt noch in Ordnung scheint. Das gilt im Übrigen auch für den gegenüberliegenden Fährhafen von Karnin. Dazwischen mit einer von der Wehrmacht zerstörten Hubbrücke ein sehenswertes Relikt aus vergangenen Tagen, das zeigt, dass die Welt hier nicht immer so in Ordnung war. Klackend legt die batteriebetriebene Schönheit an. Wieder ist alles still, wäre da nicht das im Achterwasser rauschende Schilf. Aber das trübt die Idylle nun wirklich nicht!

← Mit der Solarfähre gleitet man übers Wasser …

← … und bekommt Spannendes zu sehen

17 **Elektro-Solar-Fähre • Häfen am Ende der Straße Kamp, 17398 Bugewitz OT Kamp bzw. in Mönchow 3, 17406 Karnin • https://reederei-peters.de/fahradfaehre-kamp-karnin/**

Weiße Schatten jagen
Morgens im Gespensterwald

→ **Spiegelungen in Pfützen und Modderlöchern verstärken das Gespenstische im urwüchsigen Wald**

Es ist 6.00 Uhr am Morgen, als der Wecker klingelt. Der Blick aus dem Fenster fällt auf das diesige, leicht nebelige Grau des Morgens. Perfekt. Schnell die Wanderstiefel geschnürt und den Fotoapparat umgehängt, bevor es auf dem kürzesten Weg zum *Gespensterwald Nienhagen* geht. Spätestens zum Sonnenaufgang musst du da sein – sonst sind sie fort, die Gespenster. Und du stehst einfach nur im Wald.

Gleich neben dem Hauptstrandabgang des Ostseebades markiert ein kleiner Unterstand den Eingang ins morgendliche Abenteuer. Die hohe Luftfeuchtigkeit der Nacht hat ein paar kleine Pfützen und Modderlöcher entstehen lassen. Gut 100 m führt der Pfad durchs Dickicht, bis Weitsichtige nicht nur die Ostsee zwischen dem Grün erspähen können, sondern auch die ersten kurios gebogenen Gehölze. Bis zu 200 Jahre alt sollen sie sein, die Eichen, Buchen, Hainbuchen und Eschen, welche dicht angrenzend an das Steilufer (Vorsicht: Abrutschgefahr!) ihre teils hoch herausragenden Wurzeln geschlagen haben. Die Sonne hat sich inzwischen einige Meter über der Ostsee emporgehoben und blinzelt durch den morgendlichen Nebel zwischen den bizarr anmutenden CO_2-Speichern hindurch. Inmitten der vom stetigen Seewind geprägten Windflüchter kann man jetzt Zeuge eines einmaligen Schauspiels werden. Man mag fast Kampfgetöse vernehmen, wenn die weißen Schatten der Gespenster nach und nach vom Sonnengott Helios vertrieben werden. Ein wundervolles Naturkino – mit nur einem Gast. Wie gut, dass der Wecker um 6.00 Uhr geklingelt hat.

18 **Gespensterwald Nienhagen • 18211 Ostseebad Nienhagen • ostseebad-nienhagen.de/das-ostseebad/gespensterwald**

PILGERN
Ein meditativer Weg durch

»Ich bin dann mal weg« Pilgern in Meeresnähe

Hape Kerkeling hat den Scheinwerfer angestellt. Spätestens jedoch seit Moderatorikone Björn Hegen-Schimpf den Jakobsweg unter dem Motto »Ich glaube an gar nichts« gelaufen ist, steht fest, dass Pilgern zum Jedermannsrecht geworden ist. Für die einen wird es der Weg der Läuterung, andere ergründen die Pfade tatsächlich aus der Kraft ihres Glaubens und deuten ihre Erlebnisse im Kontext unseres lieben Herrgotts.

← Beim Pilgern zu sich selbst finden …

← … im Stadtwald von Kühlungsborn

An der Ostseeküste wird Pilgern zum Erholungsbeschleuniger. Dank Reizklima, sandgesäumter Wegeränder und natürlich regelmäßigem Meerblick. Wie lange du dich der inneren Auseinandersetzung oder deinem Draht zu Gott widmest, hast du selbst in der Hand. Vielleicht reicht ein Tag, vielleicht muss der Jahresurlaub herhalten. Die schnelle Nummer bietet sich auf dem brandneu eingerichteten *Pilgerweg im Stadtwald* Kühlungsborn an. Auf einer Fläche, die so groß ist wie der Europapark, geht es an einem Tag – mit oder ohne Begleitung eines Geistlichen – zu neun Stationen. Innere Einkehr, sinnhafte Erlebnisse und nachhaltige Eindrücke inklusive.

INSIDER-TIPP
Pilgern von Profis lernen

Wer auf den Geschmack gekommen ist, packt den Wanderrucksack und besorgt sich einen Pilgerpass. Der ist quasi Pflicht, wenn es im Dunst der Ostsee auf eine der Jakobswegverbindungen im Norden Mecklenburg-Vorpommerns geht – egal ob quer über die Insel Rügen auf dem *Hlg. Birgitta Weg*, auf der *Via Baltica* von Usedom nach Lübeck oder auf dem *Baltisch-Mitteldeutschen Weg* von Rostock in den Süden. Ob glaubend, läuternd oder erholend – in jedem Fall kannst du sagen: »Ich bin dann mal weg.«

19 **Pilgerweg im Stadtwald • Ostseebad Kühlungsborn • kirche-kuehlungsborn.de**

20 **Jakobswege Via Baltica, Hlg. Birgitta Weg, Baltisch-Mitteldeutscher Weg • kirche-mv.de/pilgerwege**

Kraft durch Füße

Spaziergang auf dem Pfad der Muße

INSIDER-TIPP
Unterwegs mit Steffi

Durchatmen. Momente der Stille, des Seins und der Selbstwahrnehmung. Wo könnte man besser den lieben Gott einen guten Mann sein lassen als in der Natur? Das dachte sich auch Landschaftsökologin Steffi Deickert, die vor einigen Jahren an einem der schönsten Waldfleckchen Rügens einen Erlebnispfad arrangiert hat – und regelmäßig dort auch selbst Führungen anbietet. Ein Erlebnis für die Seele, der *Pfad der Muße und Erkenntnis* in der Goor.

19 Stationen, markiert durch uralte Findlinge, weisen dir den Weg. Die eine oder andere Hausnummer am Wegesrand solltest du dir dennoch vor der gut einstündigen Wanderung einprägen. Wo Schirmeichen, Krötentümpel oder alte Moore auszumachen sind, zeigt eine Karte am Startpunkt des Weges, der unterhalb vom »Badehaus Goor« liegt. Hier erhalten auch alle, die tiefer in die Kraft dieses Waldes einsteigen möchten, ein Begleitheft zum Pfad. Ach, wenn du ohnehin schon in dem ehemaligen Palast von Wilhelm Malte zu Putbus weilst, mache unbedingt einen Abstecher ins Rosencafé. Die Torten und Sahneschnittchen lassen sich fürstlich verschlemmen und bilden eine »sattliche« Grundlage für die anstehende Tour.

→ **Auf Hügelgräber, Wälder und Meer weist die Infotafel hin, …**

→ **… auf den richtigen Weg führt die Begleitbroschüre**

Jetzt aber schnell. Rucksack auf und ab ins Dickicht. Wer es außergewöhnlich mag, lässt dabei die Wanderschuhe aus. Barfuß durch den Wald – was für ein Erlebnis! Wenn der Seewind durch die Baumkronen säuselt, sich das Blau der Ostsee den Weg zu dir bahnt und die Füße mit Moos und Mee(h)r verschmelzen.

21 **Pfad der Muße und Erkenntnis • Am Ende der Fürst-Malte-Allee, 18581 Putbus • natur-beruehrt.de**

Pfad der Muße & Erkenntnis
Rügenscher Bodden
Biosphärenreservat Südost-Rügen
NABU
Die Begleitbroschüre zum Pfad

Hier ist was los, hier steppt der Bär. Und du: mittendrin. Stürz dich rein ins pralle Leben, in die urigsten Events, die spannendsten Bars, die stimmungsvollsten Konzerte, die angesagtesten Festivals. Man lebt schließlich nur einmal!

Das pralle Leben

In Feierlaune das ganze Jahr

Feiern wie die Nordlichter Wallensteintage und Schwedenfest

→ Die Schweden kommen! Zum Schwedenfest in Wismar

→ Impression vom Heerlager

Mancherorts findet man sie noch, die Relikte aus der früheren Schwedenherrschaft. Etwa im beschaulichen Künstlerörtchen Ahrenshoop, wo ein Schild mit der Aufschrift prangt: »Landeshoheitsgrenze auf dem Darss und dem Fischlande«. Hier ging sie einst lang, die Grenze zwischen Mecklenburg und Pommern, und noch früher zwischen Mecklenburg und Schwedisch-Pommern.

Wer auf der blau-gelben Seite stand, war nicht unglücklich. Im Gegenteil, als Stralsund vom kaiserlichen Admiral Wallenstein und seiner Sippe belagert wurde, suchte die Stadt Hilfe beim schwedischen König. Der anschließende Sieg über den Heerführer wird heute noch kräftig gefeiert, und zwar jedes Jahr mit den *Wallensteintagen*, an denen die Stadt in einem historischen Spektakel versinkt. Ein süßer Met-Umtrunk ist also genauso Pflicht wie ein Streifzug über den Kunsthandwerkermarkt und das eine oder andere Gaukler-Rendezvous.

Spektakulärer geht es nur in Wismar zu, das immer im August seine über 150-jährige Zugehörigkeit zum nördlichen Königreich zelebriert. Ohne sich lumpen zu lassen – es ist das größte *Schwedenfest* außerhalb Schwedens. Auf dem Schlachtplan stehen Turniere im Wikingerschach, dem sogenannten Kubb, historische Umzüge mit Marschkapellen aus dem Reich König Gustavs und Schlachtparaden, bei dem schwedische Karolinertruppen mit Kavallerie, Artillerie und Infanterie mächtig Krawumm machen. Das freitags stattfindende Feuerwerk über dem provisorisch aufgeschlagenen Heerlager ist da fast nur ein bemerkenswertes Beiwerk.

1 Wallensteintage • 18439 Hansestadt Stralsund • wallensteintage.de • jährlich Ende Juli

2 Schwedenfest • 23966 Hansestadt Wismar • schwedenfest-wismar.de • jährlich Mitte August

ZEITUNG

Absolut unverfroren

Beim Eisbaden anfeuern

← Rein ins kalte Meer und schnell wieder raus …

← … macht ganz offensichtlich Spaß!

Da ist das Anfeuern dringend nötig. Während die meisten bereits beim Wort »Eisbaden« die Heizung in der Wohnung eine Stufe höher drehen und den Grog auf die Herdplatte stellen, kommen andere bei dieser Tradition erst richtig auf Touren.

Das mag einerseits an den kunterbunten Kostümen liegen, die Haupt und Körper beim Springen in die Fluten bedecken, andererseits eben auch an den tausenden klatschenden Begeisterten, die sich idealerweise einen der Logenplätze auf den Seebrücken gesichert haben. Genau dort finden die Neujahrsanbadespektakel nämlich meist statt. An der *Seebrücke Boltenhagen* stürzen sich etwa am ersten Tag des Jahres hunderte mutige Freischwimmer in das eisig-kalte Wasser. Egal wie das Motto auch lautet, der Leitsatz scheint – im Gegensatz zur Motivation – immer klar: »Nicht drüber nachdenken, einfach machen.«

»Einfach machen« dachten und denken sich auch die Darßer Strandpiraten, ein Tauchsportclub, der vor einigen Jahren die Eisbadetradition in der Region entwickelt hat. Inzwischen sind es jährlich rund 500 Teilnehmer, die am Neujahrstag am *Prerower Nordstrand* bunt verhüllt abtauchen. Wer die fröstelnden Schwimmer (und Zuschauer) am Tag nach Silvester verpasst hat, erhält an der *Seebrücke Binz* eine zweite Chance. Beim »Eisbaden-Light« geht es meist im Februar nach dem kühlen Bad zum Aufwärmen in einen an den Strand transportierten Saunakarren.

INSIDER-TIPP
Eisbaden für Anfänger

3 **Seebrücke Boltenhagen • Mittelpromenade, 23946 Ostseebad Boltenhagen • boltenhagen.de**

4 **Nordstrand Prerow • 18375 Ostseebad Prerow • ostseebad-prerow.de**

5 **Seebrücke Binz • 18609 Ostseebad Binz • ostseebad-binz.de**

Der Sound von Rügen
Strandmucke im Klangpavillon

→ **Ein toller Ort für einen Sundowner – auch wenn mal keine Band da ist**

Wie mag wohl Rügen klingen? Pochend, mit fetten Beats und großem Tamtam oder ist es eher ein sanftes Klavierarrangement mit Hang zum melodramatischen Mollklang? Komm an den Selliner Südstrand und finde es selbst heraus. Denn dort wird jedes Jahr zwischen April und September der Klangpavillon aufgebaut.

Was dich erwartet: außergewöhnliche Klangarrangements, welche die Essenz der Insel einfangen, bequeme Liegestühle zum Entspannen, jede Menge Sand und ein atemberaubender Blick auf die türkisblaue Ostsee. Lass dich nieder und warte ab, was die Sounds und das Rauschen des Meeres mit deinen Ohren anstellen. Vermutlich werden dir gleich die stylischen und extravaganten Lautsprecher um dich herum auffallen. Sie stammen aus einer kleinen Rügener Manufaktur, gegründet von den drei Freunden Malte, Paul und Jannis. Das Trio kennt sich bereits aus Schulzeiten und fertigt seit einigen Jahren einzigartige Lautsprecher an. Wie die Idee zum *Strandklangpavillon Sellin* entstanden ist, liegt also auf der Hand.

Auf der kleinen Bühne stehen regelmäßig Bands, Liedermacher und Künstler aus der Region, die dem Konzept folgen und klangliche Identität stiften. Nebenbei kann man dem Strandleben frönen, seine Kinder bei Sandburgenwettbewerben um die Krone buddeln lassen oder einfach nur eine süffige Bio-Schorle aus »Ohne-Plastik-Gläsern« trinken. So lässt es sich leben, am Selliner Südstrand.

6 **Strandklangpavillon Sellin • Südstrandpromenade, 18586 Ostseebad Sellin • strandklangkultur.de • jährlich April bis September, volles Programm: Juni bis August**

LANG
AVILLON
/PIZZERIA/CAFÉ
ND/BÜHNE/KUNST
UGUST/SEPT
strandklangkultur.de

Abrocken im Bällebad Auf dem Pangea-Festival

Abtanzen zu Bosse und zwischendurch Skateboarden im Bunker oder zum Sumoringen im Fatsuit. Vier Tage Feierei mit jeder Menge Möglichkeiten, sein biologisches Bestehen mal wieder auf eine Ebene mit dem gefühlten Lebensalter zu bringen – das geht auf der fiktiven Insel Pangea. In Sichtweite zur eher ruhigen Bernsteinstadt Ribnitz-Damgarten wird auf dem sommerlichen und stets ausverkauften *Pangea-Festival* ein Alltag gelebt, der sich doch um einiges abhebt vom Gewöhnlichen.

INSIDER-TIPP
Früh Tickets sichern

Getreu dem Motto »Never stop playing« warten Badeorgien in Bällebädern, Actiontrips auf BMX-Parcours, Skim- und Longboard-Abenteuer auf selbstgebastelten Rampen und, für die etwas weniger Wagemutigen, Erwachsenenhüpfburgen oder Seifenblasenstationen. Das lässige Tageleben wird dabei nicht nur durch die (meist) strahlende Sommersonne gefördert, sondern vor allem auch durch die mal chilligen, mal bassigen Beats von Nummer-Eins-Hit-Künstlern.

Bei so viel Jubelei und frivolem Miteinander tut ein wenig Intellektualität gut. Das dachten sich auch die Veranstalter, weshalb neben den drei Säulen Sport, Musik und »Kindsein« eine vierte als Kontrapart ins Programm genommen wurde: Kultur. Ein Bereich, der auf den ersten Blick fehl am Platz scheint, auf den zweiten allerdings wie die Faust aufs Auge zum Festival passt. Auf jeden Fall dann, wenn man ihn mit dem richtigen Leben füllt, etwa mit Vorträgen von Survivalexperten, mit Second-Hand-Styling-Sessions oder Workshops für (verrückte) Kreativ-Handwerker.

← Auf der Rutsche in die Fluten, dann Musik auf die Ohren – hier verschmelzen Fun, Sport und Kultur

7 Pangea-Festival • Am Ribnitzer See in Pütnitz, 18311 Ribnitz-Damgarten • aboutyoupangea-festival.de • jährlich Mitte August

Elektrobeats statt Blumenkränze
Mittsommer anders

→ Tagsüber gechillte Festival-Atmosphäre …

→ … abends geht die Post ab

Aquavit, eingelegten Lachs oder Schunkeltänze um den Maibaum gibt es hier nicht. Auch wenn mit dem Festival *Sea & Sand* die Sommersonnenwende gefeiert wird. Der Ostseeländler mag es eben ein bisschen verhaltener als der immergesellige Schwede, besser gesagt subtiler. Unter Beweis stellt er das regelmäßig in den Hochsommermonaten im trubeligen Kühlungsborn.

Was es für ein richtiges Open-Air-Festival braucht? Klar, Top-DJs. Die eilen nicht selten aus ganz Deutschland, manchmal sogar aus aller Welt, herbei und begeistern bei spektakulären Sounds zum Sonnenuntergang ihr Publikum. Anders als bei klassischen Musikfestivals müsst ihr keine Angst haben, in der Masse unterzugehen. Zwischen Seebrücke und dem Kühlungsborner Hafen bleibt genug Platz für ein entspanntes Genießen der Strand-Gigs von Stars wie Alex Christensen, SYDEL oder Blank & Jones. Und wenn es rund um die Heliumluftballons und mobilen Palmen am Meeressaum doch mal zu voll wird oder das Wetter seine Jahreszeit vergisst, wird einfach in den zahlreichen und an der Veranstaltung teilnehmenden Hotels, Restaurants und Bars entlang der Strandpromenade weitergetanzt.

Ein tolles Konzept, dessen Herkunft an dieser Stelle nicht verschwiegen werden darf. Es entsprang nämlich der Idee einiger Kühlungsborner Schüler, die im Rahmen eines berufsvorbereitenden Schulprojektes das Festival auf die Beine stellten und damit einen Hauch des »Summer of Love« an die Ostsee brachten – und immer wieder bringen.

8 **Sea & Sand • Zwischen Seebrücke und Hafen, 18225 Ostseebad Kühlungsborn • sea-sand.de • jährlich Mitte Juni (Sommersonnenwende)**

ERDINGER
OSTSEEBAD KÜHLUNGSBORN

Sonaten zwischen Seerosen Natur und Klänge

Wenn der Pianist nasse Füße bekommt oder Ravels »Bolero« vom Sonnenuntergang in den Schatten gestellt wird, dann kann es sein, dass du dich mitten auf einem Konzert der Naturklänge befindest. Man könnte schon fast sagen, die Musikreihe, welche jedes Jahr tausende Musikliebhaber mit Sinn fürs Natürliche anlockt, sei ein Klassiker.

Jedes Jahr aufs Neue verzaubern beim Festival *Naturklänge Fischland-Darß-Zingst* wetterfeste Künstler aller Couleur an den wundervollsten Orten, die rund um Deutschlands schönste Halbinsel auszumachen sind. Open air, inspiriert von Wellen, Wind, Seen und Meer, arrangiert zur perfekten Tages- oder Nachtzeit.

↓ **Auf dem Eixener See den Klängen des schwimmenden Pianos lauschen**

Natürlich passt der Ort zur Musik. Und zum Publikum. Während wiederum die Musik zum Publikum passt. Z. B. an der Naturbadestelle am Strand von Glöwitz vor den Toren der Vinetastadt Barth, wo bezaubernde Singer- und Songwriter neben den Besuchern auch das Schilf zum Mitwiegen bewegen, während auf Kurparkbühnen wie im belebten Zingst tendenziell eher beatende Kontrabässe, manchmal gar elektronische Beats aus den Boxen quellen.

Beschaulicher und musikalisch moderater geht es vor aufgetakelten Zeesbooten im Dierhäger Hafen oder am Eixener See zu, wo ein schwimmendes Klavier samt schwimmendem Künstler zum einmaligen Erlebnis für die nichtschwimmenden Zuschauer wird. In Kitsch und Klasse kaum zu toppen, wäre da nicht das Abschlusskonzert, das alljährlich auf dem Hohen Ufer zwischen den Bäderorten Ahrenshoop und Wustrow stattfindet. Atme tief durch und genieße: den unbeschreiblichen Meerblick, die wundervollen Klänge, die Natur. Das Leben kann so schön sein!

9 Naturklänge Fischland-Darß-Zingst • jedes Jahr zwischen Juni und September • naturklaenge.net

Flammen am Strand!
Osterfeuer an der Waterkant

→ Abstand zum Feuer halten! Klar. Geselligkeit gehört aber zum Sinn der Sache

→ Vor- oder nachher ins kalte Nass? Nichts für Jedermann

In sich gekehrt, mürrisch, manchmal auch störrisch. Man mag ja über sie sagen, was man will, aber Ideen haben sie, die Fischköppe! Insbesondere jedes Jahr zu Ostern, wenn nach tagelangem Weihnachtsbaum-Ankarren Feuerwehrmänner, Löschzwerge und Strandverwalter zum Feuerspektakel laden.

Aus dem ganzen Osten der Insel Rügen kommen sie ins Ostseebad Binz angereist: Hölzer und Heimische. Sage und schreibe 20 Haufen lodern entlang der mehr als 2,5 km langen *Osterfeuermeile zwischen Binz und Prora.* Alle 125 m ist also eines der Spektakel zu erleben. Eine taffe Zahl, wenn man sich vorstellt, dass zu jedem Feuer noch eine gehörige Portion Beschallung, Stimmung und Kulinarisches geboten wird.

Sand in den Schuhen statt Modder am Stiefel ist auch in Warnemünde die Begleitung zum heißen Frühjahrsvergnügen. Nicht weit vom kuriosen Teepott, einem architektonisch wundervollen Multifunktionsgebäude, entfernt stechen vor dem stockdunklen *Warnemünder Leuchtturm* die Flammen in den Himmel. Zuvor gilt es, beim Fackelumzug in die richtige Stimmung zu kommen.

Beim *Spiel(t)raum am Meer am Fischerstrand* muss dagegen in Heringsdorf auf Usedom die Besinnlichkeit der Action weichen. Hier wird nämlich nicht nur das Holz entzündet, bei Puzzle-Championships, Schatzsuchen und Bingo-Shows werden auch Kids und kontaktfreudige Erwachsene angefeuert.

10 **Osterfeuermeile zwischen Binz und Prora • 18609 Ostseebad Binz • ostseebad-binz.de**

11 **Osterfeuer unterhalb des Warnemünder Leuchtturms • 18119 Rostock-Warnemünde • rostock.de**

12 **Spiel(t)raum am Meer am Fischerstrand • 17424 Seebad Heringsdorf • kaiserbaeder-auf-usedom.de • Ostern**

КРУЗЕНШТЕРН

Im Schatten der Hanse Sail Seglerparaden eine Nummer kleiner

»Auf alten Kähnen lernt man segeln« sagt ein altes Sprichwort. Jetzt ist eure Chance! Nicht nur das Mega-Schifferspektakel, die Hanse Sail, lockt jährlich Landratten mit Sinn für Meer ans Ostseeufer. Jede Menge weiterer kleiner, feiner Feste stehen bei Kapitänen alter Schoner fett markiert im Terminkalender.

Z. B. ist die *Warnemünder Woche* unbedingt einen Besuch wert. Einzelne rausgeputzte Viermaster sind dabei, dazu gilt es mit der Langstreckenregatta »Rund Bornholm« und internationalen Wettkämpfen kleiner flinker Bootsklassen erstklassigen Segelsport zu erleben. Den Startschuss markiert der »Niege Ümgang«, ein fröhlicher Marsch von Blasorchestern, Trachtengruppen und bunt verkleideten Einheimischen durch das Seebad.

Nicht weniger bunt ist die *Haff Sail Ueckermünde*. Was für ein Bild, wenn vor der historischen Kulisse der verträumten Haffstadt gleichzeitig Dutzende von Seglern ihre Großsegel und Focks in den Wind richten. Doch nicht nur die Großen kommen hier auf ihre Kosten, ein großes Rahmenprogramm spricht auch die Kleinsten an. Wie wäre es mit einer Märchenstunde, einer Karussellfahrt oder einer Runde Applaus für wetteifernde Drachenbootfahrer?

Letztere sind auch in Wismar unterwegs, wenn die *Wismarer Hafentage* angesagt sind. Da kann man im Alten Hafen der Hansestadt ein buntes Seglertreiben erleben, das am Abend mit einem Höhenfeuerwerk über dem Wasser gebührend abgerundet wird.

← Jede Menge Besucher bestaunen in Warnemünde Attraktionen wie diesen Viermaster

13 **Warnemünder Woche • 18119 Rostock-Warnemünde • warnemuender-woche.com • jährlich Anfang Juli**

14 **Haff Sail Ueckermünde • 17373 Ueckermünde • haff-sail.de • jährlich Ende Mai/Anfang Juni**

15 **Wismarer Hafentage • 23966 Wismar • wismar.de • jährlich Mitte Juni**

Musik in der Raketenfabrik Unklassische Klassik-Konzerte

→ Open-air im Schlosspark Schwiessel …

→ … oder drinnen wie hier im Marstall Putbus – gespielt wird an den schönsten Orten MVs

Wenn ein Cellist in der Kirche auftritt, ist das ja noch als gewöhnlich einzustufen. Schon unkonventioneller ist da ein Kammerkonzert auf einer Seebrücke. Ganz abgefahren sind klassische Töne in einer historischen Raketenfabrik. Die komplette Bandbreite musikalischen Erlebens, nicht nur klanglich, sondern vor allem auch in Sachen Location, bieten die *Festspiele Mecklenburg-Vorpommern* mit ihren Saisonhöhepunkten.

Los geht es, eigentlich untypisch für eine klassische Festspielsaison, bereits zum Ende der Frostzeit mit einem mehrwöchigen Veranstaltungsreigen auf der Insel Rügen. Da wird schon mal Brahms in der Backstube zelebriert – von Künstlern der Kategorie des Stargeigers Daniel Hope oder des amerikanischen Top-Pianisten Maxim Lando. Aber auch aufregende Orte wie der alte Marstall Putbus des nicht mehr so ganz vorhandenen Schlosses der »Weißen Stadt am Meer« zählen zu den unklassischen Standardkulissen der inzwischen etablierten Reihe. Wenn ihr mehr frische Luft um die Ohren mögt, solltet ihr auf Auftritte der Blas-, Zupf- und Klimpervirtuosen setzen, die etwa als »Italienische Nächte« in malerischen Schlossparks wie jenem von Schloss Bothmer oder Schloss Hasenwinkel stattfinden. Neben Motoren, Stahlkolossen und altem Fabrikgedöns lauscht ihr Philharmonikern in riesigen Produktionshallen, in denen, wie bei Liebherr, entweder immer noch oder, wie in Peenemünde, schon lange nicht mehr schwere Dinge bewegt werden. Welch' Leichtigkeit bringt da doch ein Beethoven mit sich!

16 **Festspiele MV • Verschiedene Orte an der gesamten Ostseeküste in Mecklenburg-Vorpommern • festspiele-mv.de • jährlich meist von März bis Dezember**

SWING
BREE

Saxophon statt Quetschkommode

Jazz mit Meer-Flair

»Rolling Home, rolling home« – frisch und frech instrumentiert vom Saxofon. Und natürlich gekonnt arrangiert von Saxofonist Andreas Pasternack, einem genialen Virtuosen des traditionsreichen Blechblasinstruments. Dabei sind Jazzklänge fast gar nichts Besonderes mehr an Mecklenburg-Vorpommerns Küsten.

Regelmäßig zücken Vollblutmusiker mit Wurzeln am Meer, so etwa der Saxofonist Andreas Pasternack oder die spazierende Jazzkapelle »The Marching Saints«, ihre Klangstücke und begeistern mit wohligen Sounds nicht nur das gehobene Publikum. Letzteres findet man auf Jazzfesten bestätigt, die wohl auch für die Musiker selbst Höhepunkte im Terminkalender darstellen.

Dazu zählen ganz klar das *See more jazz,* welches in Tierparks, Kunsthäusern und unter freiem Himmel rund um Rostock stattfindet. Aber auch das *Jazzfest Ahrenshoop* auf dem Fischland, bei dem bereits Till Brönner, Klaus Doldinger und Bill Remsey ihre Klassiker zum Besten gaben, steht seinen amerikanischen Vorbildern in Nichts nach. Apropos Amerika. Beim *Swing Breeze* in Ribnitz-Damgarten weht eine leichte Brise New Orleans über den beschaulichen Boddenhafen, wenn Live-Bands zwischen amerikanischen Oldtimern spazieren und mit ihren Trompeten eine ganz besondere Atmosphäre verbreiten.

← Beim Swing Breeze wird auf der Bühne gejazzt … aber nicht nur dort!

17 **See more jazz • an mehreren Orten in und um Rostock • seemorejazz.de • jährlich im August**

18 **Jazzfest Ahrenshoop • u. a. im Kunstmuseum Ahrenshoop und open air hinter der Strandhalle Ahrenshoop • ostseebad-ahrenshoop.de • jährlich im Juni**

19 **Swing Breeze • am Hafen von Ribnitz-Damgarten • facebook.com/swing.breeze.98 • jährlich im Juli**

Absacker mit Hanni
In Europas ältester Hafenkneipe

INSIDER-TIPP
Am Fährwasser nippen

Gekonnt schenkt Hanni ihren Hausschnaps ein. Klar, heftig, mit Echo. Keine Ahnung, wie viele Flaschen von dem »Stralsunder Fährwasser« in den vergangenen Jahrzehnten schon über den Tresen gegangen sind. Fakt ist, es müssen einige gewesen sein. Genauer könnte Hanni, seit rund 30 Jahren im *Zur Fähre* tagtäglich für das Wohlergehen ihrer Kneipenfamilie verantwortlich, es wissen.

Ihr Arbeitsplatz ist ein gelb angepinselter Bau unweit der Wasserlinie. Kaum mehr als 20 m² groß ist der Schankraum des etwas in die Jahre gekommenen Hauses, in dem bereits vor Kaisers Zeiten Schiffer, Segelmacher, Gewürzhändler und sicher auch der eine oder andere Kapitän die Nacht zum Tag machten – wenn sie denn Stammgäste waren. Laufkundschaft oder etwa Urlaubern blieb das Wirtshaus lange Zeit verschlossen. Nach pommerschem Brauch pflegte man das Eigenbrötlerdasein. Das ging so weit, dass sogenannte »Urlaubertampen« vor die Innentür gelegt wurden. Diese dicken Seile signalisierten dem Ortsfremden: »Such dir eine andere Pinte!«

Seit Hanni am Tresen wuselt, sieht das natürlich anders aus. Ganz nach dem Motto »Zurück in die Zukunft« legte die Wirtin die Sperrkordeln zur Seite und krempelte den Laden auf links. Das innen freigelegte mittelalterliche Fachwerk, die alten Möbel und teils freihängenden Modelle betagter Dreimaster schaffen Atmosphäre, die heute jeder Dahergelaufene erleben kann – und soll. Hanni wird schon dafür sorgen, dass auch du einen berauschenden Abend hast, in Europas (wohl) ältester Hafenkneipe.

→ Im *Zur Fähre* kannst du Seemannsgarn spinnen

→ Franziska und Hanni heißen die Gäste willkommen

20 Zur Fähre • Fährstr. 17, 18439 Hansestadt Stralsund • zurfaehre-kneipe.de

"Zur Fähre"
seit 1332
Hafen-
kneipe

Das war ein bisschen viel an Info? Du weißt nicht, wo du anfangen sollst? Na dann, hier kommen ein paar Vorschläge: die Tipps aus diesem Buch, neu gedacht, neu sortiert. Teste dies, probiere das und würfel alles wieder neu zusammen!

Mix & Match

Mach dein eigenes Ding

Kurzurlaub
In zwei Tagen besonders viel erleben

Tag 1

Aufgeregt aufgewacht

Wie war das mit dem frühen Vogel? Noch vor Sonnenaufgang einfach mal die frische Luft genießen, die Düfte des Waldes und der Ostsee. Für morgendliches Herzklopfen sorgt im *Gespensterwald* von Nienhagen heute mal kein Kaffee, sondern eine Nebelschwade am Bug voraus. → **S. 144**

Wo bin ich eigentlich?

Erstmal richtig ankommen. Dafür musst du in Rostock losfahren. Mit heißen Seifenkisten Rostocks »Fjord« entlang brettern und irritiert die Backsteinkulissen betrachten. Denn: Knapp über dem Boden sitzend wirkt alles so viel größer! Da kommt der Schlenker ins Miniland gerade richtig! → **S. 102**

Mal die Perspektive wechseln

Auf dem Strandhandtuch in der Sonne zu brutzeln ist Alltagssport an der Ostseeküste. Warum nicht mal in die Luft gehen und Meck-Pomms Sand-Hot-Spots von oben erleben? Die Schönheit der Gegend wird dich überraschen – und Lust auf mehr machen. → **S. 18**

Kreide holt dich runter

Nach so viel Aufregung gilt es, schnell wieder auf den Boden der Tatsachen zu kommen. Wie das geht? Mithilfe der Rügener Kreideküste, genauer gesagt: mit Rügener Heilkreide. Die Liege ist schon bereitet und die Hände sind vorgewärmt. Und jetzt bitte entspannen in der *Wellness-Oase Aléa*! → **S. 140**

Zum Absacker in die Kneipe

Stopp, noch nicht einschlafen! Es wartet noch ein Gute-Nacht-Trunk in Europas ältester Hafenkneipe *Zur Fähre*. Bei einem kräftigen Schluck Stralsunder Fährwasser lauschst du dem Kapitänsgarn von Wirtin Hanni – wenn nicht gerade ein »Urlaubertampen« den Eintritt versagt … → **S. 172**

Tag 2

Auf zu Fischers Fritze
Da kann man schon wehmütig werden. Wo sind all die Fischer hin? Ja, es leben heute nur noch wenige von dem, was die Ostsee morgendlich ins Boot wirft. Einen der letzten, Strandfischer Roberto, triffst du im *Zum Fischer* am Räucherofen! → **S. 46**

Museum oben ohne
Kein Urlaub ohne Museumsbesuch! Auf dem Weg Richtung Süden solltest du unbedingt am *Ozeaneum* stoppen – und dem originellen Betonbau einen Besuch auf dem Dach abstatten. Hier geht's luftig und launig zu. Für Ersteres sorgt ein Open-air-Swimmingpool für Pinguine, für Letzteres sorgen seine Bewohner: Gestatten, Gustel, Lemmy und Frieda! → **S. 14**

Ostseeromantik erleben
»Museum« – gutes Stichwort. Ein grandioses Stück Ostseegeschichte kannst du rund um Greifswald erleben. In dieser Ecke des Landes waren nämlich gleich mehrere Kunstgenies der Romantik zuhause. Woran das wohl liegen mag? Eine *Radtour* sorgt für Aufklärung. → **S. 66**

In die Zukunft schippern
Meist ist sie nur Mittel zum Zweck, manchmal avanciert sie allerdings auch zum echten Erlebnis. Die Rede ist von einer Fahrt mit der *Elektro-Solar-Fähre.* Wer sie von Kamp nach Karnin nutzt, kann schon mal einen Blick voraus werfen. Damit ist nicht nur die Zukunft gemeint, sondern auch eine riesige historische Hubbrücke. Einfach wow! → **S. 142**

Klasse Klänge zum Finale
Ein Konzert zum Abschluss des Kurzurlaubs – wäre doch grandios! Ganz sicher bereiten sich gerade wieder Geigenspieler und Paukentrommler vor, um am Abend in irgendeinem Küstenort ins virtuose Musizieren zu verfallen. In der Raketenfabrik? Im Pferdestall? Auf der Seebrücke? Lass dich inspirieren. → **S. 168**

Auszeit
Ein herrlich entspannter Tag

Feueralarm in Damshagen
Wenn dich die Sirene aus den Federn schmeißt, keine Angst! War nur der Wecker. Also, einen Gang zurückschalten und zum gemütlichen Frühstück ins *Alte Feuerwehrhaus* Damshagen aufbrechen. Hier gibt's nicht nur leckere Brötchen, sondern auch jede Menge gesunde Wachmacher von glücklichen Ostseebauern. → **S. 38**

Baden zwischen Blumen
Dreh eine kleine Runde durch das küstenwaldumsäumte Ostseebädchen Graal-Müritz. Du kannst es drehen und wenden, früher oder später wird der Kurpark erreicht. Gut so, der ist nämlich eine echte Oase. 2500 zumeist exotische Gewächse, der Großteil davon kunterbunte Rhododendren, werden zum Spiel für die Sinne. Bank suchen und genießen! → **S. 122**

Glücklich durch die Eismanege
Lieber etwas dicker anziehen, auch wenn dieses Vergnügen niemanden kalt lässt. Öffne die schwere Panzertür zum *Eiswerk* Rövershagen und bestaune die zauberhaften Kunstwerke der besten Schnitzfinger der Welt. Eine wunderbare Reise durch die allzeit sternenklare Polarnacht. → **S. 60**

Durchpusten lassen
Den dicken Mantel am besten gleich anlassen – der starke Wind am Darßer Weststrand kann einen schon mal kräftig durchpusten. Nutze es aus, frischere Luft als hier bekommst du nirgendwo! Als Belohnung wartet vielleicht am Ende auch ein kleines goldiges Mitbringsel. → **S. 104**

Süßes Finale
Keine Auszeit ohne Sünde. Genau das muss das Motto von Thomas Eberl gewesen sein, als er das Stralsunder Marzipan kreierte. Egal, wie er es verarbeitet – in diesem kleinen Manufaktur-Shop ist alles verdammt lecker. Heute gilt: Lang zu – es ist dein Tag! → **S. 36**

Weltreise
Exotische Orte ganz nah

Hollywood in Kühlungsborn
Sollte der Wind zu später Stund' etwas frisch durchs *Strandkorbkino* wehen, schnell in warme Gefilde träumen. Wie gut, dass der Hollywoodstreifen auf der Leinwand vor dem Meer schon mal Gedankenfutter liefert. Aber nicht erschrecken, wenn dich der Eisverkäufer in die Realität zurückholt! → **S. 16**

Salsa am Strand
Hüftschwünge à la Ricky Martin? Das lernst du am Boltenhagener Strand, wenn *Rasoul* zu einem seiner Tanz-Flashmobs lädt. Einfach an einem sonnigen Sonntagnachmittag im Sommer neben der Seebrücke dein Badelaken ausbreiten und warten, bis aus den Boxen lateinamerikanische Rhythmen ertönen. → **S. 88**

Affenzirkus über Nacht
Vom Balkon über die afrikanische Savanne blicken – das geht auch an der Ostseeküste. Genauer gesagt im *Vogelpark Marlow*, wo du in exotischen, aber nicht gerade unluxuriösen Behausungen die Nacht verbringen kannst. Rascheln, Knistern, Fiepen und Fauchen inklusive. → **S. 131**

Von Hawaii rübergeschwappt
Wenn Stand-up-Paddling für dich schon ein alter Hut ist, solltest du dir mal eine Yogastunde aufm Brett gönnen. Ein cooler Trend, der auf experimentierfreudige Yogalehrer aus den USA zurückgeht. So erzählt es jedenfalls die Legende … → **S. 134**

Die Schweden sind los!
Das größte *Schwedenfest* außerhalb Schwedens wird jedes Jahr in Wismar gefeiert. Hier kannst du klare Schnäpse, Kubb-Turniere und stampfende Marschkapellen aus König Gustavs Reich genießen, ohne die Grenze zu passieren. Ein blau-gelbes Spektakel! → **S. 152**

Kinderkram
So werden die Kleinen glücklich

Weit blicken und tief rutschen
Keine Sorge, Strand und Meer hast du bei *Rutschabenteuern* an der Ostseeküste fest im Blick. Ob sich deshalb die Spielgerüste hier so weit in die Luft schrauben? Vielleicht liegt es schlicht an einer einfachen physikalischen Formel. Bauchkribbeln benötigt eben eine gewisse Fallhöhe. → **S. 100**

Vier Beine und viel Sand
Einmal im Leben am Strand reiten: Heute wird dein Traum wahr! Die *Bernsteinreiter* in Ribnitz-Damgarten haben bereits die schönste Meereskulisse rausgesucht und dein Pferd gesattelt. Einfach aufsteigen, lostraben und unendliche Freiheit genießen. Du weißt doch: Das Glück dieser Erde ... → **S. 95**

Auf dem Holzweg
Wenn die Kinder mal wieder lieber skaten wollen, dieses Mal den Wald anbieten. Richtig gelesen! Skaten auf Baumwipfeln – das ist an der Ostseeküste Mecklenburg-Vorpommern möglich und bleibt garantiert in Erinnerung. Wer nichts mit rollenden Brettern anfangen kann, nimmt das Rad, um den 6 m hohen Parcours im *Kletterwald* zu meistern. → **S. 107**

Heiße Luft und unsichtbares Wasser
Früher gab's die Knoff-Hoff-Show, heute das *Phantechnikum*. Doch im Unterschied zur einstigen Fernsehshow können die Kids heute selbst Hand anlegen – z. B. beim Schweißen oder in der Hexenküche des Chemie-Genies Scheele. → **S. 75**

Bunt sind schon die Wälder
... und die Tiere. Die kalte Jahreszeit hat begonnen? Perfekt – genau die richtige Zeit für einen *Zoobesuch*. Nein, nicht um Zoe Zebra aus dem Gehege zu locken, sondern um eine fantastische Lichterwelt zu erleben. Zoo-Lights, wir kommen! → **S. 70**

Sauwetter
Wo es bei Regen besonders schön ist

Markt ohne Gemüse
Es regnet? Ab auf den Markt! In der *Produzentengalerie Catrin Freuschle* lässt es sich prima stöbern, wenn der Himmel doch mal den Strandtag vermiest. Die Chance, das perfekte Mitbringsel für die Liebsten zu finden, ist groß: Erstens gibt's hier nur Einzelstücke, zweitens hat fast alles mit der Ostseeküste zu tun. → **S. 58**

Fische streicheln
Fiete sorgt für seine Schützlinge – für jene, die im Wasser leben, aber auch für jene, die Wasser gerne mal meiden. Komm rein, in den *Schuppen-Schuppen* und geh auf Tuchfühlung mit riesigen Karpfen. Die werden hier so lieb umkost, dass sie sogar aus der Hand fressen. Dir auch? → **S. 114**

Drinnen aufs Meer schauen
Der Blick aufs weite Blau kann schon mal fehlen. Gut, dass es das *Kunstmuseum Ahrenshoop* gibt, wo du Meeresidyllen ganz ohne Regenschirm genießen kannst. Und die sind manchmal schöner als in echt! → **S. 22**

Ins Kloster gehen
… und einen wärmenden Kaffee unter historischen Balken trinken. Nimm Platz auf dem alten Sofa und genieße die bezaubernde Atmosphäre des profanen Gebäudes, in dem schon vor gut 200 Jahren die Zisterzienser übers Leben sinnierten. → **S. 44**

Schweißgebadet
Träum dich in der *schwimmenden Suite im Naturhafen Krummin* davon. Bevor du die Äuglein schließt, unbedingt die Sauna anwerfen. Ist inklusive, wie der Blick durchs Bullauge aufs Achterwasser. Hat schon was, so ein Regentag, oder? → **S. 138**

LEHMENT
WENN, DANN
Original.
NORDEN. LEBEN. GENIESSEN.
Den Urlaub im Norden erleben. Mit Sonne, Wind und Wellen. Dazu die Original Lehment Rostocker Spirituosen-Spezialitäten. Das ist der echte Genuss.
Unsere Originale finden Sie in der Gastronomie rund um die Ostsee
ORIGINAL LEHMENT Rostocker
Mann un Fru
ORIGINAL LEHMEN Rostocker AQUAVIT
NACH URALTER REZEPTUR ORIGINAL LEHMENT Rostocker DOPPEL-KÜMMEL
ORIGINAL LEHMENT Rostocker KÖR MIT STERNANIS
WAT TRINK WI NU?
Mann un Fru!
Massvoll-geniessen.de
original-lehment.de

Dies & Das

Karten, Register und mehr

Ostsee
Bannesdorf
Burg auf Fehmarn
B 207
Heiligenhafen
A 1
Großenbrode
Heringsdorf
Grömitz
Kühlungsborn
Rerik
Bad Doberan
Kröpelin
Neubukow
Alt Bukow
Boltenhagen
Kalkhorst
Klütz
Neuburg
Damshagen
Dassow
Gägelow
Glasin
A 20
Mallentin
Grevesmühlen
Wismar
Neukloster
Plüschow
A 20
Bobitz
Testorf-Steinfort
Warin
Warnow
Ventschow
Rehna
Bad Kleinen
Veelböken
Brüel
10 km
Klein Trebbow
A 14
Sternberg

Klassiker reloaded
Leckerbissen
Kreative Orte
Wilde Seite
Ruhige Ecken
Pralles Leben
Prerow
Zingst
Wieck a. Darß
Groß Mohrdorf
Ahrenshoop
Pruchten
Barth
Wustrow
Saal
Löbnitz
Pantelitz
Barthe
Graal-Müritz
Ribnitz-Damgarten
Steinhagen
Gelbensande
Warnemünde
Marlow
Breitling
B 105
Rostock
Tribsees
Trebel
A 20
Dettmannsdorf
Sanitz
B 103
Tessin
A 20
Ziesendorf
A 19
Cammin
Selpin
Trebel
Warbel
Gnoien
Wiendorf
Laage
Dargun
Groß Wüstenfelde
Lüssow
Plaaz
Borrentin
Kummerower See
Güstrow
Groß Roge
Teterow
Lalendorf
Malchin
A 19

Dranske
Breege
Glowe
Großer Jasmunder Bodden
Schaprode
Patzig
Bergen auf Rügen
Prerow
Zingst
Wieck a. Darß
Ahrenshoop
Pruchten
Barth
Klausdorf
Rambin
Samtens
Putbus
B 96
Wustrow
Saal
Stralsund
Löbnitz
Pantelitz
Barthe
Brandshagen
Reinberg
Ribnitz-Damgarten
Trinwillershagen
Steinhagen
Marlow
Deutschland
Mesekenhagen
Grimmen
Greifswald
Tribsees
Sanitz
A 20
B 109
Deyelsdorf
Tessin
Behren-Lübchin
Düvier
Görmin
Loitz
Gnoien
Nossendorf
Gützkow
Laage
Jarmen
Dargun
Demmin
Prebberede
Jördenstorf
Neetzow
Peene
Utzedel
Völschow
Kummerower See
Bartow
Borrentin
Teterow
Kummerow
Gültz
Malchin
A 19
A 20
10 km
Reuterstadt Stavenhagen
Werder

Klassiker reloaded
Leckerbissen
Kreative Orte
Wilde Seite
Ruhige Ecken
Pralles Leben
Ostsee
Sassnitz
Binz
Sellin
Göhren
ubmin
Karlshagen
Zinnowitz
Wolgast
Koserow
Lühmannsdorf
Peenestrom
Ückeritz
Heringsdorf
Ahlbeck
Züssow
Klein
Bünzow
Mellenthin
Murchin
Świnoujście
Międzyzdroje
Anklam
Usedom
Stadt
Dargen
Butzow
Wolin
Stettiner
Haff
Polska
Ducherow
Grambin
Sarnow
Ueckermünde

Register

Impressum

1. Auflage 2022

Printed in Italy

MIX
Papier | Fördert gute Waldnutzung
FSC® C015829
FSC www.fsc.org

Text: Mathias Christmann
Gestaltung Titel, U2 + U4:
Eggers + Diaper, Potsdam
Gestaltung Innenteil + U3:
Sofarobotnik – Büro für Gestaltung, Augsburg & München
Lektorat
Guido Huß, Stephanie Ziegler
Bildredaktion
Anja Schlatterer
Produktion
red.sign GbR, Stuttgart
Kartografie
© MAIRDUMONT, Ostfildern, unter Verwendung von Kartendaten von OpenStreetMap, Lizenz CC-BY-SA 2.0

Bildnachweise

Titelbild: laif/Jörg Modrow

Fotos: About You Pangea Festival (158); Bernsteinreiter (Klappe innen o., 94/95); Mathias Christmann (9, 13, 14, 18– 22, 31–32, 36, 47, 48 u.–53, 58, 62, 65, 69 („Die Letzten ihrer Zunft“ Fotofestival Horizonte, Zingst 2021; Fotografien: Franz Bischof & Jan Kuchenbecke), 73, 77– 81, 85–93, 98, 101, 105–113, 117, 122–125 o., 126–129, 133, 137, 142–149, 157, 162/163–166, 170, 173 o., 176–178, 191); Darßer BRAUHAUS (48 o.); DuMont Bildarchiv: Sabine Lubenow (Klappe innen u.); Edel & Scharf: Friederike Hegner (43); Familien-Campingplatz Pommernland GmbH (125 u.); Festspiele Mecklenburg-Vorpommern gGmbH: Oliver Borchert (169 o.), Geert Maciejewski (169 u.); Martin Hagemann (56, 57); Hannelore Höpner (173 u.); Hotel Gutshaus Stellshagen (39); Hotel NEPTUN, Warnemünde (40, 41); Karls Erlebnis-Dorf (61, 114, 181); Ronald Kley (138); Kowitz Werbeagentur (24); kurverwaltung ostseebad boltenhagen: Michael Winter (154); Küstencruiser GmbH: Roland Hartig (102, 103); miniland MV (25); NABU-Kranichzentrum, www.kraniche.de: Dr. Günter Nowald (121); Parkhotel Rügen (141); picture-alliance/blickwinkel: Luftbild Bertram (97 o.); Restaurant Kulmeck (35); Sea & Sand: Ulrike Pawandenat (161); Shutterstock: ByeByeSSTK & Birgit Eggers (192), Ksusha Dusmikeeva (2), Frank Kuschmierz (97 u.); speedsailing: Martin Kringel (26); Strandkorbkino Kühlungsborn (16/17); Supieria: Saskia Spethmann (134/135); TLM: Manuela Pagels (74, 180); TMV: Krauss (66 o.); Torhaus Bad Doberan: Danny Gohlke (44); TVV: pocha.de (66 u., 82); TZ Wismar: (10), Jens Meyer (153 u.), A. Rudolph (153 o., 179); Vogelpark Marlow (130); Zoo Rostock: Kloock (70)

Der Autor

Mathias Christmann
ist die meiste Zeit des Tages Kommunikationsberater für touristische Unternehmen. Schwerpunkt: Ostseeküste Mecklenburg-Vorpommern. Warum? Weil es schlichtweg Spaß macht, dort zu arbeiten, wo andere Urlaub machen – und mit Themen zu hantieren, die immer irgendetwas mit Meer, Strand oder Abenteuer zu tun haben. Gut, dass er dieses Insiderwissen nicht für sich behält!

Lob oder Kritik? Wir freuen uns auf deine Nachricht!
Trotz gründlicher Recherche schleichen sich manchmal Fehler ein. Wir hoffen, du hast Verständnis, dass der Verlag dafür keine Haftung übernehmen kann. Wir freuen uns aber, wenn du uns schreibst:

MARCO POLO Redaktion
MAIRDUMONT
Postfach 31 51
73751 Ostfildern
info@marcopolo.de

Bloß nicht!

Fettnäpfchen und Reinfälle vermeiden

Kalten Fisch zurückgeben

Die Stimmung ist gut, der Hunger groß. Groß ist auch deine Entrüstung, als dieser kalte Hering nebst kaltem Kartoffelsalat auf den Teller kommt. Das soll ein Abendessen sein? Ja, genau. Isst man hier so. Probier's einfach mal – der Genuss kommt beim Essen!

Daneben treten

Klar, es gibt viel Sand. Und der gehört allen. Trotzdem solltest du aufpassen, wo du deinen Flip-Flop-Latschen hinsetzt. Nicht dass es am Ende das Drei-Wochen-Werk vom Sandkünstler war, das mit einem »Oh, Entschuldigung, hab' ich nicht gesehen!« ins Jenseits befördert wird.

Sanddorn essen

Zumindest nicht roh. Auch wenn die knallorangenen Beerchen im Herbst so verlockend auf sich aufmerksam machen, wäre der pure Genuss fatal. Nicht gesundheitlich, aber geschmacklich. Eine Beere reicht und du hast mit dem Kapitel abgeschlossen.

Mit Südwester über die Promenade laufen

Wer meint, mit einem blau-weiß-gestreiften Hemd und Südwester aus dem Souvenirladen sei er ein echter Fischkopp, der irrt. An der Ostseeküste ist die Funktionsjacke das Modestück Nummer eins. Die trägt man im Frühling, im Sommer, im Herbst und im Winter. Praktisch, oder?

In Wassernähe parken

Halbe Stunde? Ok. Wer sein Auto auf dem Hafenparkplatz jedoch längere Zeit sich selbst überlässt, sollte nicht zu sehr an ihm hängen. Es wäre nicht der erste motorisierte Untersatz, der beim nächtlichen Hochwasser ein unfreiwilliges Bad nimmt.